THE ROMANTIC DOGS

By Roberto Bolaño

available from New Directions

AMULET

BY NIGHT IN CHILE

DISTANT STAR

LAST EVENINGS ON EARTH

NAZI LITERATURE IN THE AMERICAS

THE ROMANTIC DOGS

ROBERTO BOLAÑO

THE ROMANTIC DOGS

1980-1998

Translated by Laura Healy

A NEW DIRECTIONS BOOK

Originally published by Acantilado, Barcelona Spain, as *Los perros
romanticos* in 2006; published by arrangement with the Heirs of Roberto
Bolaño and Carmen Balcells Agencia Literaria, Barcelona.

Grateful acknowledgment is made to the editors of the following journals
in which some of these poems originally appeared: *The Believer, Boston
Review, Circumference, Conduit, Harper's, The Nation, Pleiades, Poetry, A
Public Space, The Reading Room, Soft Targets, The Threepenny Review,* and
Tin House.

Manufactured in the United States of America
Published simultaneously in Canada by Penguin Books Canada, Ltd.
New Directions Books are printed on acid-free paper.
First published as a New Directions Paperbook (NDP1124) in 2008

Library of Congress Cataloging-in-Publication Data

Bolaño, Roberto, 1953–2003.
   [Perros romanticos. English]
   The romantic dogs : 1980–1998 / Roberto Bolaño ; translated by Laura
Healy.—1st American paperback ed.
      p. cm.
ISBN 978-0-8112-1801-6 (paperbook : alk. paper)
I. Healy, Laura. II. Title.
PQ8098.12.O38P4713 2008
861'.64—dc22   2008033549

New Directions Books are published for James Laughlin
by New Directions Publishing Corporation,
80 Eighth Avenue, New York 10011

SECOND PRINTING

Contents

THE ROMANTIC DOGS

LOS PERROS ROMÁNTICOS

En aquel tiempo yo tenía veinte años
y estaba loco.
Había perdido un país
pero había ganado un sueño.
Y si tenía ese sueño
lo demás no importaba.
Ni trabajar ni rezar
ni estudiar en la madrugada
junto a los perros románticos.
Y el sueño vivía en el vacío de mi espíritu.
Una habitación de madera,
en penumbras,
en uno de los pulmones del trópico.
Y a veces me volvía dentro de mí
y visitaba el sueño: estatua eternizada
en pensamientos líquidos,
un gusano blanco retorciéndose
en el amor.
Un amor desbocado.
Un sueño dentro de otro sueño.
Y la pesadilla me decía: crecerás.
Dejarás atrás las imágenes del dolor y del laberinto
y olvidarás.
Pero en aquel tiempo crecer hubiera sido un crimen.
Estoy aquí, dije, con los perros románticos
y aquí me voy a quedar.

THE ROMANTIC DOGS

Back then, I'd reached the age of twenty
and I was crazy.
I'd lost a country
but won a dream.
As long as I had that dream
nothing else mattered.
Not working, not praying
not studying in morning light
alongside the romantic dogs.
And the dream lived in the void of my spirit.
A wooden bedroom,
cloaked in half-light,
deep in the lungs of the tropics.
And sometimes I'd retreat inside myself
and visit the dream: a statue eternalized
in liquid thoughts,
a white worm writhing
in love.
A runaway love.
A dream within another dream.
And the nightmare telling me: you will grow up.
You'll leave behind the images of pain and of the labyrinth
and you'll forget.
But back then, growing up would have been a crime.
I'm here, I said, with the romantic dogs
and here I'm going to stay.

AUTORRETRATO A LOS VEINTE AÑOS

Me dejé ir, lo tomé en marcha y no supe nunca
hacia dónde hubiera podido llevarme. Iba lleno de miedo,
se me aflojó el estómago y me zumbaba la cabeza:
yo creo que era el aire frío de los muertos.
No sé. Me dejé ir, pensé que era una pena
acabar tan pronto, pero por otra parte
escuché aquella llamada misteriosa y convincente.
O la escuchas o no la escuchas, y yo la escuché
y casi me eché a llorar: un sonido terrible,
nacido en el aire y en el mar.
Un escudo y una espada. Entonces,
pese al miedo, me dejé ir, puse mi mejilla
junto a la mejilla de la muerte.
Y me fue imposible cerrar los ojos y no ver
aquel espectáculo extraño, lento y extraño,
aunque empotrado en una realidad velocísima:
miles de muchachos como yo, lampiños
o barbudos, pero latinoamericanos todos,
juntando sus mejillas con la muerte.

SELF PORTRAIT AT TWENTY YEARS

I set off, I took up the march and never knew
where it might take me. I went full of fear,
I got the runs, my head was buzzing:
I think it was the icy wind of the dead.
I don't know. I set off, I thought it was a shame
to leave so soon, but at the same time
I heard that mysterious and convincing call.
You either hear it or you don't, and I heard
and almost burst out crying: a terrible sound,
borne on the air and in the sea.
A sword and shield. And then,
despite the fear, I set off, I put my cheek
against Death's cheek.
And it was impossible to close my eyes and miss seeing
that strange spectacle, slow and strange,
though fixed in such a swift reality:
thousands of guys like me, baby-faced
or bearded, but Latin American, all of us,
brushing cheeks with death.

RESURRECCIÓN

La poesía entra en el sueño
como un buzo en un lago.
La poesía, más valiente que nadie,
entra y cae
a plomo
en un lago infinito como Loch Ness
o turbio e infausto como el lago Balatón.
Contempladla desde el fondo:
un buzo
inocente
envuelto en las plumas
de la voluntad.
La poesía entra en el sueño
como un buzo muerto
en el ojo de Dios.

RESURRECTION

Poetry slips into dreams
like a diver in a lake.
Poetry, braver than anyone,
slips in and sinks
like lead
through a lake infinite as Loch Ness
or tragic and turbid as Lake Balatón.
Consider it from below:
a diver
innocent
covered in feathers
of will.
Poetry slips into dreams
like a diver who's dead
in the eyes of God.

EN LA SALA DE LECTURAS DEL INFIERNO

En la sala de lecturas del Infierno   En el club
de aficionados a la ciencia-ficción
En los patios escarchados   En los dormitorios de tránsito
En los caminos de hielo   Cuando ya todo parece más claro
Y cada instante es mejor y menos importante
Con un cigarrillo en la boca y con miedo   A veces los
ojos verdes   Y 26 años   Un servidor

IN THE READING ROOM OF HELL

In the reading room of Hell   In the club
for science-fiction fans
On the frosted patios   In the bedrooms of passage
On the iced-over paths   When everything finally seems clearer
and each instant is better and less important
With cigarette in mouth and with fear   Sometimes
green eyes   And 26 years   Yours truly

SONI

Estoy en un bar y alguien se llama Soni
El suelo está cubierto de ceniza   Como un pájaro
como un solo pájaro llegan dos ancianos
Arquíloco y Anacreonte y Simónides   Miserables
refugios del Mediterráneo   No preguntarme qué hago
aquí, no recordar que he estado con una muchacha
pálida y rica   Sin embargo sólo recuerdo rubor
la palabra vergüenza después de la palabra vacío
¡Soni Soni!   La tendí de espaldas y restregué
mi pene sobre su cintura   El perro ladró en la calle
abajo había un cine y después de eyacular
pensé «dos cines» y el vacío Arquíloco y Anacreonte
y Simónides ciñéndose ramas de sauce   El hombre
no busca la vida, dije, la tendí de espaldas y se
lo metí de un envión   Algo crujió entre las orejas
del perro   ¡Crac!   Estamos perdidos
Sólo falta que te enfermes, dije   Y Soni
se separó del grupo   La luz de los vidrios sucios
lo presentó como un Dios y el autor
cerró los ojos

SONI

I'm in a bar and someone's name is Soni
The floor is covered in ash   Like a bird
like a single bird two old men arrive
Archilochus and Anacreon and Simonides   Miserable
Mediterranean refugees   Don't ask me what I'm doing
here, just forget that I've been with a girl
who's pale and rich   Either way, I only remember blush
the word shame after the word hollow
Soni! Soni!   I laid her back and rubbed
my penis over her waist   The dog barked in the street
below there was a theatre and after coming
I thought "two theatres" and the void Archilochus and Anacreon
and Simonides sheathing their willow branches   Man
doesn't search for life, I said, I laid her back and
shoved the whole thing in   Something crunched between
the dog's ears   Crack!   We're lost
All that's left is for you to get sick, I said   And Soni
stepped away from the group   The light through dirty glass
rendered it like a God and the author
closed his eyes

ERNESTO CARDENAL Y YO

Iba caminando, sudado y con el pelo pegado
en la cara
cuando vi a Ernesto Cardenal que venía
en dirección contraria
y a modo de saludo le dije:
Padre, en el Reino de los Cielos
que es el comunismo,
¿tienen un sitio los homosexuales?
Sí, dijo él.
¿Y los masturbadores impenitentes?
¿Los esclavos del sexo?
¿Los bromistas del sexo?
¿Los sadomasoquistas, las putas, los fanáticos
de los enemas,
los que ya no pueden más, los que de verdad
ya no pueden más?
Y Cardenal dijo sí.
Y yo levanté la vista
y las nubes parecían
sonrisas de gatos levemente rosadas
y los árboles que pespunteaban la colina
(la colina que hemos de subir)
agitaban las ramas.
Los árboles salvajes, como diciendo
algún día, más temprano que tarde, has de venir
a mis brazos gomosos, a mis brazos sarmentosos,
a mis brazos fríos. Una frialdad vegetal
que te erizará los pelos.

ERNESTO CARDENAL AND I

I was out walking, sweaty and with hair plastered
to my face
when I saw Ernesto Cardenal approaching
from the opposite direction
and by way of greeting I said:
Father, in the Kingdom of Heaven
that is communism,
is there a place for homosexuals?
Yes, he said.
And for impenitent masturbators?
For sex slaves?
For sex fools?
For sadomasochists, for whores, for those obsessed
with enemas,
for those who can't take it anymore, those who really truly
can't take it anymore?
And Cardenal said yes.
And I raised my eyes
and the clouds looked like
the pale pink smiles of cats
and the trees cross-stitched on the hill
(the hill we've got to climb)
shook their branches.
Savage trees, as if saying
some day, sooner rather than later, you'll have to come
into my rubbery arms, into my scraggly arms,
into my cold arms. A botanical frigidity
that'll stand your hair on end.

SANGRIENTO DÍA DE LLUVIA

Ah, sangriento día de lluvia,
qué haces en el alma de los desamparados,
sangriento día de voluntad apenas entrevista:
detrás de la cortina de juncos, en el barrizal,
con los dedos de los pies agarrotados en el dolor
como un animal pequeño y tembloroso:
pero tú no eres pequeño y tus temblores son de placer,
día revestido con las potencias de la voluntad,
aterido y fijo en un barrizal que acaso no sea
de este mundo, descalzo en medio del sueño que
      se mueve
desde nuestros corazones hasta nuestras necesidades,
desde la ira hasta el deseo: cortina de juncos
que se abre y nos ensucia y nos abraza.

DAY BLEEDING RAIN

Oh, day bleeding rain,
what are you doing in the soul of the abandoned,
day bleeding volition only barely glimpsed:
behind the reed curtain, in the mire,
with your toes seized up in pain
like a small shivering animal:
but you're not small and you're shivering from pleasure,
day cloaked in the might of volition,
frozen stiff in a mire that's maybe not
of this world, barefoot in the middle of the dream that
    works its way
from our hearts toward our necessities,
from fury toward desire: curtain of reeds
that opens itself and dirties us and embraces us.

EL GUSANO

Demos gracias por nuestra pobreza, dijo el tipo vestido con
    harapos.
Lo vi con este ojo: vagaba por un pueblo de
    casas chatas,
hechas de cemento y ladrillos, entre México y Estados
    Unidos.
Demos gracias por nuestra violencia, dijo, aunque sea estéril
como un fantasma, aunque a nada nos conduzca,
tampoco estos caminos conducen a ninguna parte.
Lo vi con este ojo: gesticulaba sobre un fondo rosado
que se resistía al negro, ah, los atardeceres de la frontera,
leídos y perdidos para siempre.
Los atardeceres que envolvieron al padre de Lisa
a principios de los cincuenta.
Los atardeceres que vieron pasar a Mario Santiago,
arriba y abajo, aterido de frío, en el asiento trasero
del coche de un contrabandista. Los atardeceres
del infinito blanco y del infinito negro.

Lo vi con este ojo: parecía un gusano con
    sombrero de paja
y mirada de asesino
y viajaba por los pueblos del norte de México
como si anduviera perdido, desalojado de la mente,
desalojado del sueño grande, el de todos,
y sus palabras eran, madre mía, terroríficas.

THE WORM

Let us give thanks for our poverty, said the guy dressed in
    rags.
I saw him with my own eyes: drifting through a town of
    flat houses,
built of brick and mortar, between the United States and
    Mexico.
Let us give thanks for our violence, he said, even if it's futile
like a ghost, even if it leads to nothing,
just as these roads lead nowhere.
I saw him with my own eyes: gesturing over a rosy background
that resisted the black, ah, sunset on the border,
glimpsed and lost forever.
Sunsets that enveloped Lisa's father
at the beginning of the fifties.
Sunsets that gave witness to Mario Santiago,
up and down, frozen stiff, in the backseat
of a contrabandist's car. Sunsets
of infinite white and infinite black.

I saw him with my own eyes: he looked like a worm with a
    straw hat
and an assassin's glare
and he traveled through the towns of northern Mexico
as if wandering lost, evicted from the mind,
evicted from the grand dream, everyone's dream,
and his words were, madre mía, terrifying.

Parecía un gusano con sombrero de paja,
ropas blancas
y mirada de asesino.
Y viajaba como un trompo
por los pueblos del norte de México
sin atreverse a dar el paso,
sin decidirse
a bajar al D.F.
Lo vi con este ojo
ir y venir
entre vendedores ambulantes y borrachos,
temido,
con el verbo desbocado por calles
de casas de adobe.
Parecía un gusano blanco
con un Bali entre los labios
o un Delicados sin filtro.
Y viajaba de un lado a otro
de los sueños,
tal que un gusano de tierra,
arrastrando su desesperación,
comiéndosela.

Un gusano blanco con sombrero de paja
bajo el sol del norte de México,
en las tierras regadas con sangre y palabras mendaces
de la frontera, la puerta del Cuerpo que vio Sam Peckinpah,
la puerta de la Mente desalojada, el puritito
azote, y el maldito gusano blanco allí estaba,
con su sombrero de paja y su pitillo colgando
del labio inferior, y tenía la misma mirada
de asesino de siempre.

He looked like a worm with a straw hat,
white clothes,
and an assassin's glare.
And he traveled like a fool
through the towns of northern Mexico
without daring to yield,
without choosing
to go down to Mexico City
I saw him with my own eyes,
coming and going
with traveling vendors and drunks,
feared,
shouting his promises through streets
lined with adobes.
He looked like a white worm
with a Bali between his lips
or an unfiltered Delicados.
And he traveled, from one side to the other
of dreams,
just like an earthworm,
dragging his desperation,
devouring it.

A white worm with a straw hat
under the northern Mexican sun,
in soils watered with blood and the mendacious words
of the frontier, the gateway to the Body seen by Sam Peckinpah,
the gateway to the evicted Mind, the pure little
whip, and the damned white worm was right there,
with his straw hat and cigarette hanging
from his lower lip, and he had the same assassin's
glare, as always.

Lo vi y le dije tengo tres bultos en la cabeza
y la ciencia ya no puede hacer nada conmigo.
Lo vi y le dije sáquese de mi huella so mamón,
la poesía es más valiente que nadie,
las tierras regadas con sangre me la pelan, la
        Mente desalojada
apenas si estremece mis sentidos.
De estas pesadillas sólo conservaré
estas pobres casas,
estas calles barridas por el viento
y no su mirada de asesino.

Parecía un gusano blanco con su sombrero de paja
y su pistola automática debajo de la camisa
y no paraba de hablar solo o con cualquiera
acerca de un poblado que tenía
por lo menos dos mil o tres mil años,
allá por el norte, cerca de la frontera
con los Estados Unidos,
un lugar que todavía existía,
digamos cuarenta casas,
dos cantinas,
una tienda de comestibles,
un pueblo de vigilantes y asesinos
como él mismo,
casas de adobe y patios encementados
donde los ojos no se despegaban
del horizonte
(de ese horizonte color carne
como la espalda de un moribundo).
¿Y qué esperaban que apareciera por allí?, pregunté.
El viento y el polvo, tal vez.

I saw him and told him I have three lumps on my head
and science can no longer do a thing for me.
I saw him and told him get out of my tracks, you prick,
poetry is braver than anyone,
the soils watered with blood can suck my dick, the
    evicted Mind
hardly rattles my senses.
From these nightmares I'll retain only
these poor houses,
these wind-swept streets
and not your assassin's glare.

He looked like a white worm with his straw hat
and a handgun under his shirt,
and he never stopped talking to himself or with whomever
about a village
at least two or three thousand years old,
up there in the North, next to the border
with the United States,
a place that still existed,
only forty houses,
two cantinas,
and a grocery store,
a town of vigilantes and assassins
like him himself,
adobe houses and cement patios
where one's eyes were forever hitched
to the horizon
(that flesh-colored horizon
like a dying man's back).
And what did they hope to see appear there? I asked.
The wind and dust, maybe.

Un sueño mínimo
pero en el que empeñaban
toda su obstinación, toda su voluntad.

Parecía un gusano blanco con sombrero de paja y
    un Delicados
colgando del labio inferior.
Parecía un chileno de veintidós años entrando en el
    Café La Habana
y observando a una muchacha rubia
sentada en el fondo,
en la Mente desalojada.
Parecían las caminatas a altas horas de la noche
de Mario Santiago.
En la Mente desalojada.
En los espejos encantados.
En el huracán del D.F.
Los dedos cortados renacían
con velocidad sorprendente.
Dedos cortados,
quebrados,
esparcidos
en el aire del D.F.

A minimal dream,
but one on which they staked
all their stubbornness, all their will.

He looked like a white worm with a straw hat and
    a Delicados
hanging from his lower lip.
He looked like a twenty-two-year-old Chilean walking into
    Café la Habana
and checking out a blonde girl
seated in the back,
in the evicted Mind.
They looked like the midnight walks
of Mario Santiago.
In the evicted Mind.
In the enchanted mirrors.
In the hurricane of Mexico City.
The severed fingers were growing back
with surprising speed.
Severed fingers,
fractured,
scattered
in the air of Mexico City.

LUPE

Trabajaba en la Guerrero, a pocas calles de la casa de Julián
y tenía 17 años y había perdido un hijo.
El recuerdo la hacía llorar en aquel cuarto del hotel Trébol,
espacioso y oscuro, con baño y bidet, el sitio ideal
para vivir durante algunos años. El sitio ideal para escribir
un libro de memorias apócrifas o un ramillete
de poemas de terror. Lupe
era delgada y tenía las piernas largas y manchadas
como los leopardos.
La primera vez ni siquiera tuve una erección:
tampoco esperaba tener una erección. Lupe habló de su vida
y de lo que para ella era la felicidad.
Al cabo de una semana nos volvimos a ver. La encontré
en una esquina junto a otras putitas adolescentes,
apoyada en los guardabarros de un viejo Cadillac.
Creo que nos alegramos de vernos. A partir de entonces
Lupe empezó a contarme cosas de su vida, a veces llorando,
a veces cogiendo, casi siempre desnudos en la cama,
mirando el cielorraso tomados de la mano.
Su hijo nació enfermo y Lupe prometió a la Virgen
que dejaría el oficio si su bebé se curaba.
Mantuvo la promesa un mes o dos y luego tuvo que volver.
Poco después su hijo murió y Lupe decía que la culpa
era suya por no cumplir con la Virgen.
La Virgen se llevó al angelito por una promesa
    no sostenida.

LUPE

She worked in la Guerrero, a few streets down from Julian's,
and she was 17 and had lost a son.
The memory made her cry in that Hotel Trébol room,
spacious and dark, with bath and bidet, the perfect place
to live out a few years. The perfect place to write
a book of apocryphal memories or a collection
of horror poems. Lupe
was thin and had legs long and spotted
like a leopard.
The first time I didn't even get an erection:
and I didn't want to have an erection. Lupe spoke of her life
and of what, for her, was happiness.
When a week had passed, we saw each other again. I found her
on a corner alongside other little teenage whores,
propped against the fender of an old Cadillac.
I think we were glad to see each other. From then on
Lupe began telling me things about her life, sometimes crying,
sometimes fucking, almost always naked in bed,
staring at the ceiling, hand in hand.
Her son was born sick and Lupe promised la Virgen
that she'd leave her trade if her baby were cured.
She kept her promise a month or two, then had to go back.
Soon after, her son died, and Lupe said the fault
was her own for not keeping up her bargain with la Virgen.
La Virgen carried off the little angel, payment for a broken
        promise.

Yo no sabía qué decirle.
Me gustaban los niños, seguro,
pero aún faltaban muchos años para que supiera
lo que era tener un hijo.
Así que me quedaba callado y pensaba en lo extraño
que resultaba el silencio de aquel hotel.
O tenía las paredes muy gruesas o éramos los únicos
    ocupantes
o los demás no abrían la boca ni para gemir.
Era tan fácil manejar a Lupe y sentirte hombre
y sentirte desgraciado. Era fácil acompasarla
a tu ritmo y era fácil escucharla referir
las últimas películas de terror que había visto
en el cine Bucareli.
Sus piernas de leopardo se anudaban en mi cintura
y hundía su cabeza en mi pecho buscando mis pezones
o el latido de mi corazón.
Eso es lo que quiero chuparte, me dijo
    una noche.
¿Qué, Lupe? El corazón.

I didn't know what to say.
I liked children, sure,
but I still had many years before I'd know
what it was to have a son.
And so I stayed quiet and thought about the eerie feel
emerging from the silence of that hotel.
Either the walls were very thick or we were the sole
        occupants
or the others didn't open their mouths, not even to moan.
It was so easy to ride Lupe and feel like a man
and feel wretched. It was easy to get her
in your rhythm and it was easy to listen as she prattled on
about the latest horror films she'd seen
at Bucareli Theater.
Her leopard legs would wrap around my waist
and she'd sink her head into my chest, searching for my
nipples or my heartbeat.
This is the part of you I want to suck, she said to me
        one night.
What, Lupe? Your heart.

LOS ARTILLEROS

En este poema los artilleros están juntos.
Blancos sus rostros, las manos
entrelazando sus cuerpos o en los bolsillos.
Algunos tienen los ojos cerrados o miran el suelo.
Los otros te consideran.
Ojos que el tiempo ha vaciado. Vuelven
hacia ellos después de este intervalo.
El reencuentro sólo les devuelve
la certidumbre de su unión.

THE FRONT LINE

In this poem, the front line holds together.
Faces white, hands
interlacing their bodies or in their pockets.
Some close their eyes or stare at the floor.
The others are sizing you up.
Eyes drained by time. They turn back
toward each other after this pause.
The face-off only fortifies
the certitude of their union.

LA FRANCESA

Una mujer inteligente.
Una mujer hermosa.
Conocía todas las variantes, todas las posibilidades.
Lectora de los aforismos de Duchamp y de los relatos
    de Defoe.
En general con un autocontrol envidiable,
Salvo cuando se deprimía y se emborrachaba,
Algo que podía durar dos o tres días,
Una sucesión de burdeos y valiums
Que te ponía la carne de gallina.
Entonces solía contarte las historias que le sucedieron
Entre los 15 y los 18.
Una película de sexo y de terror,
Cuerpos desnudos y negocios en los límites de la ley,
Una actriz vocacional y al mismo tiempo una chica con
    extraños rasgos de avaricia.
La conocí cuando acababa de cumplir los 25,
En una época tranquila.
Supongo que tenía miedo de la vejez y de la muerte.
La vejez para ella eran los treinta años,
La Guerra de los Treinta Años,
Los treinta años de Cristo cuando empezó a predicar,
Una edad como cualquier otra, le decía mientras cenábamos
A la luz de las velas
Contemplando el discurrir del río más literario del planeta.
Pero para nosotros el prestigio estaba en otra parte,
En las bandas poseídas por la lentitud, en los gestos
Exquisitamente lentos
Del desarreglo nervioso,

LA FRANCESA

An intelligent woman.
A beautiful woman.
Knew all the variants, all the possibilities.
Reader of Duchamp's aphorisms and the stories
    of Defoe.
In general possessing an enviable self-control,
Except when she got depressed and got drunk,
Something that could last two or three days,
A succession of Bordeaux and Valium
That would give you goose bumps.
Then she'd usually tell you what happened to her
Between the ages of 15 and 18.
A pornographic horror movie,
Naked bodies and business deals that skirted the law,
A vocational actress and at the same time a girl with
    strange strokes of greed.
I met her when she'd just turned 25,
In a tranquil period.
I suppose she feared old age and death.
Old age for her was thirty,
The Thirty Years' War,
Christ's thirty years when he started to preach,
An age like any other, I told her while we dined
By candlelight
Pondering the flow of the planet's most literary river.
But for us prestige lay elsewhere,
In bands possessed by slowness, in gestures
Exquisitely slow
From dishevelment

En las camas oscuras,
En la multiplicación geométrica de las vitrinas vacías
Y en el hoyo de la realidad,
Nuestro absoluto,
Nuestro Voltaire,
Nuestra filosofía de dormitorio y tocador.
Como decía, una muchacha inteligente,
Con esa rara virtud previsora
(Rara para nosotros, latinoamericanos)
Que es tan común en su patria,
En donde hasta los asesinos tienen una cartilla de ahorros
Y ella no iba a ser menos,
Una cartilla de ahorros y una foto de Tristán Cabral,
La nostalgia de lo no vivido,
Mientras aquel prestigioso río arrastraba un sol moribundo
Y sobre sus mejillas rodaban lágrimas aparentemente gratuitas.
No me quiero morir, susurraba mientras se corría
En la perspicaz oscuridad del dormitorio,
Y yo no sabía qué decir,
En verdad no sabía qué decir,
Salvo acariciarla y sostenerla mientras se movía
Arriba y abajo como la vida,
Arriba y abajo como las poetas de Francia
Inocentes y castigadas,
Hasta que volvía al planeta Tierra
Y de sus labios brotaban
Pasajes de su adolescencia que de improviso llenaban
        nuestra habitación
Con duplicados que lloraban en las escaleras automáticas del
        metro,
Con duplicados que hacían el amor con dos tipos a la vez
Mientras afuera caía la lluvia

In dark beds,
In the geometric multiplication of empty shop windows
And in the grave of reality,
Our absolute,
Our Voltaire,
Our philosophy of the bedroom and boudoir.
Like I said, an intelligent girl,
With that rare virtue of foresight
(Rare for us Latin Americans)
So common in her country,
In which even the assassins have bankbooks
And she wasn't going to be any less,
A bankbook and a photo of Tristan Cabral,
Nostalgia for the unlived,
While that prestigious river trailed a dying sun
And down her cheeks rolled seemingly gratuitous tears.
I don't want to die, she whispered while escaping
In the shrewd darkness of the bedroom,
And I didn't know what to say,
I really didn't know what to say,
Except to caress her and support her while she moved
Up and down like life,
Up and down like the poets of France,
Innocent and punished,
Until she returned to Planet Earth
And from her lips sprouted
Passages from her adolescence that filled our bedroom
        on the spot
With copies crying on metro escalators
With copies making love to two guys at once
While rain was falling outside

Sobre las bolsas de basura y sobre las pistolas abandonadas
En las bolsas de basura,
La lluvia que todo lo lava
Menos la memoria y la razón.
Vestidos, chaquetas de cuero, botas italianas, lencería para
    volverse loco,
Para volverla loca,
Aparecían y desaparecían en nuestra habitación fosforescente
    y pulsátil,
Y trazos rápidos de otras aventuras menos íntimas
Fulguraban en sus ojos heridos como luciérnagas.
Un amor que no iba a durar mucho
Pero que a la postre resultaría inolvidable.
Eso dijo,
Sentada junto a la ventana,
Su rostro suspendido en el tiempo,
Sus labios: los labios de una estatua.
Un amor inolvidable
Bajo la lluvia,
Bajo ese cielo erizado de antenas en donde convivían
Los artesonados del siglo XVII
Con las cagadas de palomas del siglo XX.
Y en medio
Toda la inextinguible capacidad de provocar dolor,
Invicta a través de los años,
Invicta a través de los amores
Inolvidables.
Eso dijo, sí.
Un amor inolvidable
Y breve,
¿Como un huracán?,
No, un amor breve como el suspiro de una cabeza guillotinada,

Over garbage bags and over abandoned pistols
In the garbage bags,
Rain that washes everything
Except for memory and reason.
Dresses, leather jackets, Italian boots, lingerie to
         drive you mad,
To drive her mad,
They appeared and disappeared in our phosphorescent,
         throbbing bedroom,
And quick strokes of other less intimate adventures
Flashed in her wounded eyes like fireflies.
A love that wasn't going to last long
But that by dessert would have become unforgettable.
That's what she said,
Seated by the window,
Her face suspended in time,
Her lips: a statue's lips.
An unforgettable love
Beneath the rain,
Beneath that sky bristling with antennas in which
17th century coffers coexist
With the shit of 20th-century pigeons.
And in the middle
All the inextinguishable capacity to inflict pain,
Undefeated through years,
Undefeated through loves
Unforgettable.
Yes, that's what she said.
An unforgettable love
And brief,
Like a hurricane?
No, a love brief as the sigh of a guillotined head,

La cabeza de un rey o un conde bretón,
Breve como la belleza,
La belleza absoluta,
La que contiene toda la grandeza y la miseria del mundo
Y que sólo es visible para quienes aman.

The head of a king or Breton count,
Brief like beauty,
Absolute beauty,
That which contains all the world's majesty and misery
And which is only visible to those who love.

EL MONO EXTERIOR

¿Te acuerdas del *Triunfo de Alejandro Magno*, de Gustave
    Moreau?
La belleza y el terror, el instante de cristal en que se corta
la respiración. Pero tú no te detuviste bajo esa cúpula
en penumbras, bajo esa cúpula iluminada por los feroces
rayos de armonía. Ni se te cortó la respiración.
Caminaste como un mono infatigable entre los dioses
pues sabías —o tal vez no— que el *Triunfo* desplegaba
sus armas bajo la caverna de Platón: imágenes,
sombras sin sustancia, soberanía del vacío. Tú querías
alcanzar el árbol y el pájaro, los restos
de una pobre fiesta al aire libre, la tierra yerma
regada con sangre, el escenario del crimen donde pacen
las estatuas de los fotógrafos y de los policías, y
      la pugnaz vida
a la intemperie. ¡Ah, la pugnaz vida a la intemperie!

THE OUTSIDER APE

Remember the *Triumph of Alexander the Great*, by Gustave
    Moreau?
The beauty and terror, the crystal moment when
all breathing stops. But you wouldn't stand still under
    that dome
in dim shadows, under that dome lit by ferocious
rays of harmony. And it didn't take your breath away.
You walked like a tireless ape among the gods,
For you knew—or maybe not—that the *Triumph* was
    unfurling
its weapons inside Plato's cavern: images,
shadows without substance, sovereignty of emptiness. You
    wanted
to reach the tree and the bird, the leftovers
from a humble backyard fiesta, the desert land
watered with blood, the scene of the crime where
statues of photographers and police are grazing, and the
    hostility of life
outdoors. Ah, the hostility of life outdoors!

SUCIO, MAL VESTIDO

En el camino de los perros mi alma encontró
a mi corazón. Destrozado, pero vivo,
sucio, mal vestido y lleno de amor.
En el camino de los perros, allí donde no quiere ir nadie.
Un camino que sólo recorren los poetas
cuando ya no les queda nada por hacer.
¡Pero yo tenía tantas cosas que hacer todavía!
Y sin embargo allí estaba: haciéndome matar
por las hormigas rojas y también
por las hormigas negras, recorriendo las aldeas
vacías: el espanto que se elevaba
hasta tocar las estrellas.
Un chileno educado en México lo puede soportar todo,
pensaba, pero no era verdad.
Por las noches mi corazón lloraba. El río del ser, decían
unos labios afiebrados que luego descubrí eran los míos,
el río del ser, el río del ser, el éxtasis
que se pliega en la ribera de estas aldeas abandonadas.
Sumulistas y teólogos, adivinadores
y salteadores de caminos emergieron
como realidades acuáticas en medio de una realidad metálica.
Sólo la fiebre y la poesía provocan visiones.
Sólo el amor y la memoria.
No estos caminos ni estas llanuras.
No estos laberintos.
Hasta que por fin mi alma encontró a mi corazón.
Estaba enfermo, es cierto, pero estaba vivo.

DIRTY, POORLY DRESSED

On the dogs' path, my soul came upon
my heart. Shattered, but alive,
dirty, poorly dressed, and filled with love.
On the dogs' path, there where no one wants to go.
A path that only poets travel
when they have nothing left to do.
But I still had so many things to do!
And nevertheless, there I was: sentencing myself to death
by red ants and also
by black ants, traveling through the empty villages:
fear that grew
until it touched the stars.
A Chilean educated in Mexico can withstand everything,
I thought, but it wasn't true.
At night, my heart cried. The river of being, chanted
some feverish lips I later discovered to be my own,
the river of being, the river of being, the ecstasy
that folds itself into the bank of these abandoned villages.
Mathematicians and theologians, diviners
and bandits emerged
like aquatic realities in the midst of a metallic reality.
Only fever and poetry provoke visions.
Only love and memory.
Not these paths or these plains.
Not these labyrinths.
Until at last my soul came upon my heart.
It was sick, it's true, but it was alive.

Soñé con detectives helados en el gran
refrigerador de Los Ángeles
en el gran refrigerador de México D.F.

I dreamt of frozen detectives in the great
refrigerator of Los Angeles
in the great refrigerator of Mexico City.

LOS DETECTIVES

Soñé con detectives perdidos en la ciudad oscura.
Oí sus gemidos, sus náuseas, la delicadeza
De sus fugas.
Soñé con dos pintores que aún no tenían
40 años cuando Colón
Descubrió América.
(Uno clásico, intemporal, el otro
Moderno siempre,
Como la mierda.)
Soñé con una huella luminosa,
La senda de las serpientes
Recorrida una y otra vez
Por detectives
Absolutamente desesperados.
Soñé con un caso difícil,
Vi los pasillos llenos de policías,
Vi los cuestionarios que nadie resuelve,
Los archivos ignominiosos,
Y luego vi al detective
Volver al lugar del crimen
Solo y tranquilo
Como en las peores pesadillas,
Lo vi sentarse en el suelo y fumar
En un dormitorio con sangre seca
Mientras las agujas del reloj
Viajaban encogidas por la noche
Interminable.

THE DETECTIVES

I dreamt of detectives lost in the dark city.
I heard their moans, their disgust, the delicacy
Of their escape.
I dreamt of two painters who weren't even
40 when Columbus
Discovered America.
(One classic, eternal, the other
Modern always,
Like a pile of shit.)
I dreamt of a glowing footprint,
The serpents' trails
Observed time and again
By detectives
Who were utterly desperate.
I dreamt of a difficult case,
I saw corridors filled with cops,
I saw interrogations left unresolved,
The ignominious archives,
And then I saw the detective
Return to the scene of the crime
Tranquil and alone
As in the worst nightmares,
I saw him sit on the floor and smoke
In a bedroom caked with blood
While the hands of the clock
Traveled feebly through the
Infinite night.

LOS DETECTIVES PERDIDOS

Los detectives perdidos en la ciudad oscura.
Oí sus gemidos.
Oí sus pasos en el Teatro de la Juventud.
Una voz que avanza como una flecha.
Sombra de cafés y parques
Frecuentados en la adolescencia.
Los detectives que observan
Sus manos abiertas,
El destino manchado con la propia sangre.
Y tú no puedes ni siquiera recordar
En dónde estuvo la herida,
Los rostros que una vez amaste,
La mujer que te salvó la vida.

THE LOST DETECTIVES

Detectives lost in the dark city.
I heard their moans.
I heard their footsteps in the Teen Theater.
A voice coming on like an arrow.
Shadows of cafes and parks,
Adolescent hangouts.
Detectives who stare at
Their open palms,
Destiny stained by their own blood.
And you can't even recall
Where the wound was,
The faces you once loved,
The woman who saved your life.

LOS DETECTIVES HELADOS

Soñé con detectives helados, detectives latinoamericanos
que intentaban mantener los ojos abiertos
en medio del sueño.
Soñé con crímenes horribles
y con tipos cuidadosos
que procuraban no pisar los charcos de sangre
y al mismo tiempo abarcar con una sola mirada
el escenario del crimen.
Soñé con detectives perdidos
en el espejo convexo de los Arnolfini:
nuestra época, nuestras perspectivas,
nuestros modelos del Espanto.

THE FROZEN DETECTIVES

I dreamt of frozen detectives, Latin American detectives
who were trying to keep their eyes open
in the middle of the dream.
I dreamt of hideous crimes
and of careful guys
who were wary not to step in pools of blood
while taking in the crime scene
with a single sweeping glance.
I dreamt of lost detectives
in the convex mirror of the Arnolfinis:
our generation, our perspectives,
our models of Fear.

FRAGMENTOS

Detective abrumado . . . Ciudades extranjeras
con teatros de nombres griegos
Los muchachos mallorquines se suicidaron
en el balcón a las cuatro de la mañana
Las chicas se asomaron al oír el primer disparo
Dionisios Apolo Venus Hércules . . .
Con variedad   El amanecer
sobre los edificios alineados
Un tipo que escucha las noticias dentro del coche
Y la lluvia repiquetea sobre la carrocería
Orfeo . . .

FRAGMENTS

Crushed detective . . . Foreign cities
with Greek-named theatres
The Majorcan boys committed suicide
on the balcony at four in the morning
The girls leaned out upon hearing the first shot
Dionysus Apollo Venus Hercules . . .
A variety   Dawn
over the lines of buildings
A guy who hears the news inside his car
and rain tapping at the bodywork
Orpheus . . .

EL FANTASMA DE EDNA LIEBERMAN

Te visitan en la hora más oscura
todos tus amores perdidos.
El camino de tierra que conducía al manicomio
se despliega otra vez como los ojos
de Edna Lieberman,
como sólo podían sus ojos
elevarse por encima de las ciudades
y brillar.
Y brillan nuevamente para ti
los ojos de Edna
detrás del aro de fuego
que antes era el camino de tierra,
la senda que recorriste de noche,
ida y vuelta,
una y otra vez,
buscándola o acaso
buscando tu sombra.
Y despiertas silenciosamente
y los ojos de Edna
están allí.
Entre la luna y el aro de fuego,
leyendo a sus poetas mexicanos
favoritos.
¿Y a Gilberto Owen,
lo has leído?,
dicen tus labios sin sonido,
dice tu respiración
y tu sangre que circula
como la luz de un faro.

THE GHOST OF EDNA LIEBERMAN

They visit you in the darkest hour,
all of your lost loves.
The dirt path that led to the madhouse
unfolds itself again like the eyes
of Edna Lieberman,
as only her eyes could
rise over the tops of cities
and shine.
And they shine once more for you,
Edna's eyes,
behind the ring of fire
that used to be the dirt path,
the trail you traveled by night,
round trip,
again and again,
looking for her or maybe
looking for your shadow.
And you wake up silently
and Edna's eyes
are there.
Between the moon and the ring of fire,
reading her favorite
Mexican poets.
And Gilberto Owen?
Have you read him?
say your lips without sound,
says your breath
and your blood that circulates
like the beam of a lighthouse.

Pero son sus ojos el faro
que atraviesa tu silencio.
Sus ojos que son como el libro
de geografía ideal:
los mapas de la pesadilla pura.
Y tu sangre ilumina
los estantes con libros, las sillas
con libros, el suelo
lleno de libros apilados.
Pero los ojos de Edna
sólo te buscan a ti.
Sus ojos son el libro
más buscado.
Demasiado tarde
lo has entendido, pero
no importa.
En el sueño vuelves
a estrechar sus manos,
y ya no pides nada.

But her eyes are the lighthouse
piercing your silence.
Her eyes like the ideal
geography book:
maps of pure nightmare.
And your blood lights up
the shelves stacked with books, the chairs
stacked with books, the floor
covered with piled-up books.
But Edna's eyes
are fixed on you.
Her eyes are the most
sought-after book.
You've understood it
too late, but
that's okay.
In the dream you go back
to shaking her hands
and no longer ask for anything.

LA VISITA AL CONVALECIENTE

Es 1976 y la Revolución ha sido derrotada
pero aún no lo sabemos.
Tenemos 22, 23 años.
Mario Santiago y yo caminamos por una calle en blanco y
    negro.
Al final de la calle, en una vecindad escapada de una película
    de los años cincuenta está la casa de los padres
    de Darío Galicia.
Es el año 1976 y a Darío Galicia le han trepanado el cerebro.
Está vivo, la Revolución ha sido derrotada, el día es bonito
pese a los nubarrones que avanzan lentamente desde el norte
    cruzando el valle.
Darío nos recibe recostado en un diván.
Pero antes hablamos con sus padres, dos personas ya
    mayores, el señor y la señora Ardilla que contemplan
    cómo el bosque se quema desde una rama verde
    suspendida en el sueño.
Y la madre nos mira y no nos ve o ve cosas de nosotros
que nosotros no sabemos.
Es 1976 y aunque todas las puertas parecen abiertas,
de hecho, si prestáramos atención, podríamos oír cómo
una a una las puertas se cierran.
Las puertas: secciones de metal, planchas de acero reforzado,
    una a una se van cerrando en la película del infinito.
Pero nosotros tenemos 22 o 23 años y el infinito
    no nos asusta.
A Darío Galicia le han trepanado el cerebro, ¡dos veces!,
y uno de los aneurismas se le reventó en medio del Sueño.
Los amigos dicen que ha perdido la memoria.

VISIT TO THE CONVALESCENT

It's 1976 and the Revolution has been defeated
but we've yet to find out.
We are 22, 23 years old.
Mario Santiago and I walk down a black and white street.
At the end of the street, in a neighborhood straight out of a
      fifties film, sits the house of Darío Galicia's parents.
It's the year 1976 and they've trepanned Darío Galicia's skull.
He's alive, the Revolution's been defeated, it's a nice day
in spite of storm clouds advancing slowly from the north,
      crossing the valley.
Darío receives us reclined on a divan.
But first we speak with his parents, two people getting on in
      years, Mr. and Mrs. Squirrel, who, from a green branch
      suspended in dreams, contemplate how the forest is
      burning.
And the mother looks at us and doesn't see us or sees
      things about us
      we don't even know.
It's 1976 and even though all the doors seem to be open,
in fact, if we paid attention, we'd be able to hear how
one by one the doors are closing.
The doors: plates of metal, reinforced iron grills, one by one
      they go on closing in infinity's film.
But we're 22 or 23 years old and infinity
      doesn't scare us.
They've trepanned Darío Galicia's skull. Twice!
And one of the aneurisms burst in the middle of the
      Dream.
His friends say he's lost his memory.

Así, pues, Mario y yo nos abrimos paso entre películas mexicanas
    de los cuarenta
y llegamos hasta sus manos flacas que reposan sobre las rodillas
    en un gesto de plácida espera.
Es 1976 y es México y los amigos dicen que Darío lo ha
    olvidado todo,
incluso su propia homosexualidad.
Y el padre de Darío dice que no hay mal que por bien no
    venga.
Y afuera llueve a cántaros:
en el patio de la vecindad la lluvia barre las escaleras
y los pasillos
y se desliza por los rostros de Tin Tan, Resortes y
    Calambres
que velan en la semi transparencia el año de 1976.
Y Darío comienza a hablar. Está emocionado.
Está contento de que lo hayamos ido a visitar.
Su voz como la de un pájaro: aguda, otra voz,
como si le hubieran hecho algo en las cuerdas vocales.
Ya le crece el pelo pero aún pueden verse las cicatrices de la
    trepanación.
Estoy bien, dice.
A veces el sueño es tan monótono.
Rincones, regiones desconocidas, pero del mismo sueño.
Naturalmente no ha olvidado que es homosexual (nos
    reímos),
como tampoco ha olvidado respirar.
Estuve a punto de morir, dice después de pensarlo mucho.
Por un momento creemos que va a llorar.
Pero no es él el que llora.
Tampoco es Mario ni yo.

And so, Mario and I push our way through Mexican films
       from the forties
and arrive at thin hands resting on his knees in a gesture of
       placid waiting.
It's 1976 and it's Mexico and his friends say Darío has
       forgotten everything,
including his own homosexuality.
And Darío's father says that all bad things happen for a
       reason.
And outside it's raining buckets:
in the tenement's courtyard, rain sweeps the stairs
and hallways
and slips away through the faces of Tin Tan, Resortes, and
       Calambres,
which cloak, in semi-transparency, the year 1976.
And Darío begins to speak. He's touched.
He's happy we've come to visit him.
His voice like a bird's: shrill, a different voice,
as if they'd done something to his vocal chords.
His hair is growing back, but you can still see scars from the
       trepanation.
I'm doing well, he says.
Sometimes sleep is so monotonous.
Corners, unexplored regions, but from the same dream.
Naturally he hasn't forgotten that he's homosexual (we
       laugh),
just as he hasn't forgotten how to breathe.
I was on the verge of death, he says after pondering it a while.
For a moment we think he's going to cry.
But it isn't he who cries.
And it's not Mario or I.

Sin embargo alguien llora mientras atardece con una
    lentitud inaudita.
Y Darío dice: el pire definitivo y habla de Vera que estuvo
    con él en el hospital y de otros rostros que Mario y yo
    no conocemos y que ahora él tampoco reconoce.
El pire en blanco y negro de las películas de los
    cuarenta-cincuenta.
Pedro Infante y Tony Aguilar vestidos de policías
recorriendo en sus motos el atardecer infinito de México.
Y alguien llora pero no somos nosotros.
Si escucháramos con atención podríamos oír los portazos de
    la historia o del destino.
Pero nosotros sólo escuchamos los hipos de alguien que llora
en alguna parte.
Y Mario se pone a leer poemas.
Le lee poemas a Darío, la voz de Mario tan hermosa mientras
    afuera cae la lluvia,
y Darío susurra que le gustan los poetas franceses.
Poetas que sólo él y Mario y yo conocemos.
Muchachos de la entonces inimaginable ciudad de París con
    los ojos enrojecidos por el suicidio.
¡Cuánto le gustan!
Como a mí me gustaban las calles de México en 1968.
Tenía entonces quince años y acababa de llegar.
Era un emigrante de quince años pero las calles de México lo
    primero que me dicen
es que allí todos somos emigrantes, emigrantes del Espíritu.
Ah, las hermosas, las nunca demasiado ponderadas,
    las terribles
calles de México colgando del abismo
mientras las demás ciudades del mundo
se hunden en lo uniforme y silencioso.

Nevertheless somebody cries as darkness sets in with
    inaudible slowness.
And Darío says: the ultimate trip and he speaks of Vera who
    was with him in the hospital and of other faces that Mario
    and I don't know and that now he can't recognize either.
The black and white trip of forties and fifties films.
Pedro Infante and Tony Aguilar dressed like police
traveling through the infinite Mexican dusk on their
    motorbikes.
And someone cries but it isn't us.
If we listened carefully we'd be able to hear the slamming
    doors of history or destiny.
But we only listen to the hiccups of someone who's crying
somewhere.
And Mario starts reading poems.
He reads poems to Darío, Mario's voice so pleasant while
    outside the rain falls,
and Darío whispers that he loves the French poets.
Poets that only he and Mario and I know of.
Boys from the then unimaginable city of Paris with
    eyes bloodshot from suicide.
He loves them so much!
In the way I loved the streets of Mexico in 1968.
I was fifteen years old then and I'd just arrived.
I was a fifteen-year-old emigrant but the first thing they tell
    me, the streets of Mexico,
is that, there, we're all emigrants, emigrants of the Spirit.
Ah, the beautiful, the never over-considered,
    the terrible
Mexican streets hanging in the abyss
while the rest of the world's cities
are drowning in uniformity and silence.

Y los muchachos, los valientes muchachos homosexuales
     estampados como santos fosforescentes en todos estos años,
desde 1968 hasta 1976.
Como en un túnel del tiempo, el hoyo que aparece donde
     menos te lo esperas,
el hoyo metafísico de los adolescentes maricas que se enfrentan—
     ¡más valientes que nadie!—a la poesía y a la adversidad.
Pero es el año 1976 y la cabeza de Darío Galicia tiene las
     marcas indelebles de una trepanación.
Es el año previo de los adioses
que avanza como un enorme pájaro drogado
por los callejones sin salida de una vecindad
detenida en el tiempo.
Como un río de negra orina que circunvala la arteria
     principal de México,
río hablado y navegado por las ratas negras de Chapultepec,
río-palabra, el anillo líquido de las vecindades perdidas en el
     tiempo.
Y aunque la voz de Mario y la actual voz de Darío
aguda como la de un dibujo animado
llenen de calidez nuestro aire adverso,
yo sé que en las imágenes que nos contemplan con anticipada
     piedad,
en los iconos transparentes de la pasión mexicana,
se agazapan la gran advertencia y el gran perdón,
aquello innombrable, parte del sueño, que muchos años después
llamaremos con nombres varios que significan derrota.
La derrota de la poesía verdadera, la que nosotros escribimos
     con sangre.
Y semen y sudor, dice Darío.
Y lágrimas, dice Mario.
Aunque ninguno de los tres está llorando.

And the boys, the brave homosexual boys stamped like
    phosphorescent saints for all these years,
from 1968 to 1976.
Like in a wormhole, the opening that appears where you
    least expect it,
the metaphysical grave of gay adolescents who face up—
    bravest of all!—to poetry and adversity.
But it's the year 1976, and Darío Galicia's head has the
    indelible marks of a trepanation.
It's the year before goodbyes,
that advances like an enormous drugged bird
through the dead-end streets of a neighborhood
frozen in time.
Like a river of black urine that circles Mexico's main artery,
river spoken of and navigated by Chapultepec's black rats,
river-word, the liquid ring of neighborhoods lost in time.
And even if Mario's voice and Darío's current voice,
shrill as a cartoon,
fill our adverse air with warmth,
I know that in the images we ponder with
    advance piety,
in the transparent icons of the Mexican passion,
lie crouching the great warning and the great pardon,
that unnamable thing, part of the dream, that many
    years later
we will call by various names meaning defeat.
The defeat of true poetry, which we write
    in blood.
And semen and sweat, says Darío.
And tears, says Mario.
Though none of us is crying.

GODZILLA EN MÉXICO

Atiende esto, hijo mío: las bombas caían
sobre la Ciudad de México
pero nadie se daba cuenta.
El aire llevó el veneno a través
de las calles y las ventanas abiertas.
Tú acababas de comer y veías en la tele
los dibujos animados.
Yo leía en la habitación de al lado
cuando supe que íbamos a morir.
Pese al mareo y las náuseas me arrastré
hasta el comedor y te encontré en el suelo.
Nos abrazamos. Me preguntaste qué pasaba
y yo no dije que estábamos en el programa de la muerte
sino que íbamos a iniciar un viaje,
uno más, juntos, y que no tuvieras miedo.
Al marcharse, la muerte ni siquiera
nos cerró los ojos.
¿Qué somos?, me preguntaste una semana o un año después,
¿hormigas, abejas, cifras equivocadas
en la gran sopa podrida del azar?
Somos seres humanos, hijo mío, casi pájaros,
héroes públicos y secretos.

GODZILLA IN MEXICO

Listen carefully, my son: bombs were falling
over Mexico City
but no one even noticed.
The air carried poison through
the streets and open windows.
You'd just finished eating and were watching
cartoons on TV.
I was reading in the bedroom next door
when I realized we were going to die.
Despite the dizziness and nausea I dragged myself
to the kitchen and found you on the floor.
We hugged. You asked what was happening
and I didn't tell you we were on death's program
but instead that we were going on a journey,
one more, together, and that you shouldn't be afraid.
When it left, death didn't even
close our eyes.
What are we? you asked a week or year later,
ants, bees, wrong numbers
in the big rotten soup of chance?
We're human beings, my son, almost birds,
public heroes and secrets.

VERSOS DE JUAN RAMÓN

Malherido en un bar que podía ser o podía no ser mi
    victoria,
Como un charro mexicano de finos bigotes negros
Y traje de paño con recamados de plata, sentencié
Sin mayores reflexiones la pena de la lengua española.
    No hay
Poeta mayor que Juan Ramón Jiménez, dije, ni versos
    más altos
En la lírica goda del siglo XX que estos que a continuación
    recito:
    Mare, me jeché arena zobre la quemaúra.
    Te yamé, te yamé dejde er camino . . . ¡Nunca
    ejtubo ejto tan zolo! Laj yama me comían,
    mare, y yo te yamaba, y tú nunca benía!
Después permanecí en silencio, hundido de quijada en mis
    fantasmas,
Pensando en Juan Ramón y pensando en las islas que
    se hinchan,
Que se juntan, que se separan.
Como un charro mexicano del Infierno, dijo horas o días
    más tarde
La mujer con la que vivía. Es posible.
Como un charro mexicano de carbón
Entre la legión de inocentes.

Los versos de J.R.J. pertenecen al poema "La carbonerilla quemada," de *Historias para niños sin corazón*, Antolojía poética, Editorial Losada, Buenos Aires, 1944.

VERSES BY JUAN RAMÓN

Badly injured in a bar that may or may not have been my
    victory,
Like a Mexican charro with a fine black mustache
And a cloth suit with silver stitching, I imposed,
Without really thinking, the penalty of the Spanish language.
    There's no
Greater poet than Juan Ramón Jiménez, I said, nor higher
    verses
In 20th century Iberian lyric than the ones I'm about to
    recite:
    Mama, I frew sand ober da burn.
    I cawled you, I cawled you fwum da woad . . . It's
    neber been so wonewy! Da fwames was eaten me,
    Mama, and I was cawlin you, and you neber came!
Then I stayed silent, plunged jaw-deep in my
    phantoms,
Thinking of Juan Ramón and thinking of islands
    that swell,
That join together, that separate.
Like a Mexican charro from Hell, said the woman
I lived with, hours or days later. It's possible.
Like a soot-covered Mexican charro
Among the legion of innocents.

The verses by J.R.J. are found in the poem "La carbonerilla quemada," in *Historias para niños sin corazón*, Poetry Anthology, Editorial Losada, Buenos Aires, 1944.

DINO CAMPANA REVISA SU BIOGRAFÍA EN EL PSIQUIÁTRICO DE CASTEL PULCI

Servía para la química, para la química pura.
Pero preferí ser un vagabundo.
Vi el amor de mi madre en las tempestades del planeta.
Vi ojos sin cuerpo, ojos ingrávidos orbitando alrededor
    de mi lecho.
Decían que no estaba bien de la cabeza.
Tomé trenes y barcos, recorrí la tierra de los justos
en la hora más temprana y con la gente más humilde:
gitanos y feriantes.
Me despertaba temprano o no dormía. En la hora
en que la niebla aún no ha despejado
y los fantasmas guardianes del sueño avisan inútilmente.
Oí los avisos y las alertas pero no supe descifrarlos.
No iban dirigidos a mí sino a los que dormían,
pero no supe descifrarlos.
Palabras ininteligibles, gruñidos, gritos de dolor, lenguas
extranjeras oí adonde quiera que fuese.
Ejercí los oficios más bajos.
Recorrí la Argentina y toda Europa en la hora en
        que todos
duermen y los fantasmas guardianes del sueño aparecen.
Pero guardaban el sueño de los otros y no supe
descifrar sus mensajes urgentes.
Fragmentos tal vez sí, y por eso visité los manicomios
y las cárceles. Fragmentos,
sílabas quemantes.
No creí en la posteridad, aunque a veces
creí en la Quimera.
Servía para la química, para la química pura.

DINO CAMPANA REVISES HIS BIOGRAPHY IN CASTEL PULCI PSYCHIATRIC HOSPITAL

I was only fit for chemistry, for chemistry alone.
But I wished to be a vagabond.
I saw my mother's love in the planet's storms.
I saw disembodied eyes, weightless eyes orbiting
    my bed.
They said I had a screw loose.
I took trains and boats, I traveled the land of the just
at the earliest hour, with the humblest people:
gypsies and peddlers.
I would wake up early or never sleep. At the hour
when fog has yet to clear
and the guardian phantoms of dreams warn futilely.
I heard the warnings and alarms, but couldn't figure them out.
They weren't intended for me but for those who were sleeping,
but I couldn't figure them out.
Unintelligible words, grunts, screams of pain,
foreign tongues I heard wherever I went.
I worked the lowest jobs.
I traveled Argentina and all of Europe at the hour
    when everyone
sleeps and the guardian phantoms of dreams appear.
But they guarded the dreams of the others, and I couldn't
    figure out how to decipher their urgent messages.
Some fragments, maybe, and that's why I visited asylums
and prisons. Fragments,
burning syllables.
I didn't believe in posterity, though sometimes
I believed in the Chimera.
I was only fit for chemistry, for chemistry alone.

PALINGENESIA

Estaba conversando con Archibald MacLeish en el bar
    Los Marinos
De la Barceloneta cuando la vi aparecer, una estatua de yeso
Caminando penosamente sobre los adoquines.
    Mi interlocutor
También la vio y envió a un mozo a buscarla. Durante
    los primeros
Minutos ella no dijo una palabra. MacLeish pidió
    consomé y tapas
De Mariscos, pan de payés con tomate y aceite, y cerveza San
    Miguel.
Yo me conformé con una infusión de manzanilla y rodajas de pan
Integral. Debía cuidarme, dije. Entonces ella se
    decidió a hablar:
Los bárbaros avanzan, susurró melodiosamente, una
    masa disforme,
Grávida de aullidos y juramentos, una larga noche manteada
Para iluminar el matrimonio de los músculos y la grasa. Luego
Su voz se apagó y dedicóse a ingerir las viandas. Una mujer
Hambrienta y hermosa, dijo MacLeish, una tentación
    irresistible
Para dos poetas, si bien de diferentes lenguas, del
    mismo indómito
Nuevo Mundo. Le di la razón sin entender del todos sus
    palabras
Y cerré los ojos. Cuando desperté MacLeish se había ido. La
    estatua
Estaba allí, en la calle, sus restos esparcidos entre la irregular

PALINGENESIS

I was chatting with Archibald MacLeish in Los Marinos Bar
In Barceloneta when I saw her appear, a plaster statue
Walking arduously over the cobblestones. My friend
Saw, too, and sent a waiter to fetch her. For the first
Few minutes she didn't say a word. MacLeish ordered
    consommé and
Shellfish tapas, pan de payés with tomato and oil, and
    San Miguel beer.
I settled for a chamomile infusion and slices of
Wheat bread. I should take care of myself, I said. Then she
    decided to speak:
The barbarians are coming, she whispered melodiously, a
    deformed mass,
Pregnant with howls and oaths, a long night tossed up
To reveal the marriage of muscles and fat. Then
Her voice shut off and she set about devouring dishes.
A hungry and beautiful woman, said MacLeish, an
    irresistible temptation
For two poets, though from different languages, still from
    the same indomitable
New World. I said he was right without getting all of his
    words
And closed my eyes. When I woke MacLeish had gone. The
    statue
Was there in the street, her leftovers scattered on the irregular

Acera y los viejos adoquines. El cielo, horas antes azul, se
    había vuelto
Negro como un rencor insuperable. Va a llover, dijo un niño
Descalzo, temblando sin motivo aparente. Nos miramos
    un rato:
Con el dedo indicó los trozos de yeso en el suelo. Nieve, dijo.
No tiembles, respondí, no ocurrirá nada, la pesadilla,
    aunque cercana,
Ha pasado sin apenas tocarnos.

Sidewalk and old cobblestones. The sky, hours before blue,
    had turned
Black as insurmountable rancor. It's going to rain, said a
    barefoot
Little boy, shivering for no apparent reason. We stared at
    each other a while:
With his finger he gestured to pieces of plaster on the
    ground. Snow, he said.
Don't shiver, I responded, nothing's going to happen, the
    nightmare, though close,
Has passed, barely touching us.

LAS ENFERMERAS

Una estela de enfermeras emprenden el regreso a casa.
    Protegido
por mis polaroid las observo ir y volver.
Ellas están protegidas por el crepúsculo.
Una estela de enfermeras y una estela de alacranes.
Van y vienen.
¿A las siete de la tarde? ¿A las ocho
de la tarde?
A veces alguna levanta la mano y me saluda. Luego alcanza
su coche, sin volverse, y desaparece
protegida por el crepúsculo como yo por mis polaroid.
Entre ambas indefensiones está el jarrón de Poe.
El florero sin fondo que contiene todos los crepúsculos,
todos los lentes negros, todos
los hospitales.

THE NURSES

A trail of nurses start heading home. Protected
by my sunglasses I watch them come and go.
They're protected by the sunset.
A trail of nurses and a trail of scorpions.
Come and go.
At six in the evening? At eight
in the evening?
Sometimes one lifts a hand and waves to me. Then reaches
her car, without turning back, and disappears,
protected by the sunset as I am by my shades.
Between both vulnerabilities sits Poe's urn.
The bottomless vase holding all sunsets,
all dark lenses, all
hospitals.

LOS CREPÚSCULOS DE BARCELONA

Qué decir sobre los crepúsculos ahogados de Barcelona.
¿Recordáis
El cuadro de Rusiñol *Erik Satie en el seu estudi*? Así
Son los crepúsculos magnéticos de Barcelona, como
los ojos y la
Cabellera de Satie, como las manos de Satie y como
la simpatía
De Rusiñol. Crepúsculos habitados por siluetas soberanas,
magnificencia
Del sol y del mar sobre estas viviendas colgantes o
subterráneas
Para el amor construidas. La ciudad de Sara Gibert y de
Lola Paniagua,
La ciudad de las estelas y de las confidencias absolutamente
gratuitas.
La ciudad de las genuflexiones y de los cordeles.

TWILIGHT IN BARCELONA

What can be said about the drowning Barcelona twilights.
   Remember
The Rusiñol painting *Erik Satie en el seu estudi*?
The magnetic Barcelona twilights are like that, like Satie's
   eyes and
Long hair, like Satie's hands and like Rusiñol's affection.
Twilights inhabited by supreme silhouettes, magnificence
Of the sun and the sea over these hanging or subterranean
   abodes
Built for love. City of Sara Gibert and Lola Paniagua,
City of Slipstreams and completely gratuitous secrets.
City of genuflections and cords.

LA GRIEGA

Vimos a una mujer morena construir el acantilado.
No más de un segundo, como alanceada por el sol. Como
Los párpados heridos del dios, el niño premeditado
De nuestra playa infinita. La griega, la griega,
Repetían las putas del Mediterráneo, la brisa
Magistral: la que se autodirige, como una falange
De estatuas de mármol, veteadas de sangre y voluntad,
Como un plan diabólico y risueño sostenido por el cielo
Y por tus ojos. Renegada de las ciudades y de la República,
Cuando crea que todo está perdido a tus ojos me fiaré.
Cuando la derrota compasiva nos convenza de lo inútil
Que es seguir luchando, a tus ojos me fiaré.

THE GREEK

We saw a brown-skinned woman constructing the cliff.
Just for a second, as if speared by the sun. Like
The wounded eyelids of the god, our infinite beach's
premeditated child. The Greek, the Greek,
Repeated the Mediterranean whores, the magisterial
Breeze: the one directing itself, like a phalanx
Of marble statues, streaked with blood and volition,
Like a bright diabolical plan suspended in the sky
And in your eyes. Renegade of cities and of the Republic,
When I think that everything's lost, I'll trust in your eyes.
When compassionate defeat convinces us how useless it is
To keep on fighting, I'll trust in your eyes.

EL SEÑOR WILTSHIRE

Todo ha terminado, dice la voz del sueño, y ahora eres el
    reflejo
de aquel señor Wiltshire, comerciante de copra en
    los mares del sur,
el blanco que desposó a Uma, que tuvo muchos hijos,
el que mató a Case y el que jamás volvió a Inglaterra,
eres como el cojo a quien el amor convirtió en héroe:
nunca regresarás a tu tierra (¿pero cuál es tu tierra?),
nunca serás un hombre sabio, vaya, ni siquiera un hombre
razonablemente inteligente, pero el amor y tu sangre
te hicieron dar un paso, incierto pero necesario, en medio
de la noche, y el amor que guió ese paso te salva.

MR. WILTSHIRE

It's all over, says the voice in the dream, and now you're the
        reflection
of that guy Wiltshire, copra merchant in
        the South Seas,
the white man who married Uma, had lots of kids,
the one who killed Case and never went back to England,
you're like the cripple turned into a hero by love:
you'll never return to your homeland (but which is your
        homeland?)
you'll never be a wise man, come on, not even a man
who's reasonably intelligent, but love and your blood
made you take a step, uncertain but necessary, in the middle
of the night, and the love that guided that step is what saves you.

LLUVIA

Llueve y tú dices *es como si las nubes*
lloraran. Luego te cubres la boca y apresuras
el paso. ¿Como si esas nubes escuálidas lloraran?
Imposible. Pero entonces, ¿de dónde esa rabia,
esa desesperación que nos ha de llevar a todos al diablo?
La Naturaleza oculta algunos de sus procedimientos
en el Misterio, su hermanastro. Así esta tarde
que consideras similar a una tarde del fin del mundo
más pronto de lo que crees te parecerá tan sólo
una tarde melancólica, una tarde de soledad perdida
en la memoria: el espejo de la Naturaleza. O bien
la olvidarás. Ni la lluvia, ni el llanto, ni tus pasos
que resuenan en el camino del acantilado importan.
Ahora puedes llorar y dejar que tu imagen se diluya
en los parabrisas de los coches estacionados a lo largo
del Paseo Marítimo. Pero no puedes perderte.

RAIN

It's raining and you say *it's as if the clouds*
were crying. Then cover your mouth and speed up
your step. As if those emaciated clouds were crying?
Impossible. So then, why all this rage,
This desperation that'll bring us all to hell?
Nature hides some of her methods
in Mystery, her stepbrother. And so, sooner than
you think, this afternoon you consider
an afternoon of the apocalypse, will seem nothing but
a melancholy afternoon, an afternoon of loneliness lost
in memory: Nature's mirror. Or maybe
you'll forget it. Rain, weeping, your footsteps
resounding on the cliff-walk. They don't matter.
Right now you can cry and let your image dissolve
on the windshields of cars parked along
the Boardwalk. But you can't lose yourself.

LA SUERTE

Él venía de una semana de trabajo en el campo
en casa de un hijo de puta y era diciembre o enero,
no lo recuerdo, pero hacía frío y al llegar a Barcelona la nieve
comenzó a caer y él tomó el metro y llegó hasta la esquina
de la casa de su amiga y la llamó por teléfono para que
bajara y viera la nieve. Una noche hermosa, sin duda,
y su amiga lo invitó a tomar café y luego hicieron el amor
y conversaron y mucho después él se quedó dormido y soñó
que llegaba a una casa en el campo y caía la nieve
detrás de la casa, detrás de las montañas, caía la nieve
y él se encontraba atrapado en el valle y llamaba por teléfono
a su amiga y la voz fría (¡fría pero amable!) le decía
que de ese hoyo inmaculado no salía ni el más valiente
a menos que tuviera mucha suerte.

LUCK

He was coming back from a week of work in the country
at the home of a real asshole and it was December or January,
I don't remember, but it was cold and on arriving in
    Barcelona the snow
began to fall and he took the metro and rode to the corner
where his friend lived and called her on the phone so she'd
come down and see the snow. A beautiful night, without a doubt,
and his friend invited him to have a cup of coffee and then
    they made love
and talked and much later he was asleep and dreamt
he was arriving at a house in the country and the snow was falling
behind the house, behind the mountains, the snow was falling
and he found himself trapped in the valley and calling his friend
on the phone and the cold voice (cold but friendly!) told him
from this immaculate grave not even the bravest could leave
unless he were very lucky.

RAYOS X

Si miramos con rayos X la casa del paciente
veremos los fantasmas de los libros en estanterías silenciosas
o apilados en el pasillo o sobre veladores y mesas.
También veremos una libreta con dibujos, líneas y flechas
que divergen y se intersecan: son los viajes en compañía
de la muerte. Pero la muerte, pese al soberbio *aide-mémoire*,
aún no ha triunfado. Los rayos X nos dicen que el tiempo
se ensancha y adelgaza como la cola de un cometa
en el interior de la casa. La vida aún da los mejores
frutos. Y así como el mar prometió a Jaufré Rudel
la visión del amor, esta casa cercana al mar promete
a su habitante el sueño de la torre destruida y construida.
Si miramos, no obstante, con rayos X el interior del hombre
veremos huesos y sombras: fantasmas de fiestas
y paisajes en movimiento como contemplados desde un
    avión
en barrena. Veremos los ojos que él vio, los labios
que sus dedos rozaron, un cuerpo surgido
de un temporal de nieve. Y veremos el cuerpo desnudo,
tal como él lo vio, y los ojos y los labios que rozó,
y sabremos que no hay remedio.

X-RAYS

If we look with X-rays at the patient's house,
we'll see the ghosts of books in silent shelves
or piled in the hall or on nightstands and tables.
We'll also see a small notebook with drawings, lines
        and arrows
that diverge and intersect: they are voyages in death's
company. But death, despite its arrogant *aide-mémoire*,
still hasn't won. The X-rays tell us time
is expanding and thinning like the tail of a comet
inside the house. Life still gives its best
fruits. And as the sea promised Jaufré Rudel
the vision of love, so this house near the sea promises
its dweller the dream of the destroyed and constructed tower.
If we look, however, with X-rays inside of the man,
we'll see bones and shadows: ghosts of fiestas
and landscapes in motion as if viewed from an airplane
in tailspin. We'll see the eyes he saw, the lips
his fingers brushed, a body emerged
from a snowstorm. And we'll see the naked body,
just as he saw it, and the eyes and the lips he brushed,
and we'll know that there's no cure.

EL ÚLTIMO CANTO DE AMOR DE
PEDRO J. LASTARRIA, ALIAS «EL CHORITO»

Sudamericano en tierra de godos,
Éste es mi canto de despedida
Ahora que los hospitales sobrevuelan
Los desayunos y las horas del té
Con una insistencia que no puedo
Sino remitir a la muerte.
Se acabaron los crepúsculos
Largamente estudiados, se acabaron
Los juegos graciosos que no conducen
A ninguna parte. Sudamericano
En tierra más hostil
Que hospitalaria, me preparo
Para entrar en el largo
Pasillo incógnito
Donde dicen que florecen
Las oportunidades perdidas.
Mi vida fue una sucesión
De oportunidades perdidas,
Lector de Catulo en latín
Apenas tuve valor para pronunciar
Sine qua non o *Ad hoc*
En la hora más amarga
De mi vida. Sudamericano
En hospitales de godos, ¿qué hacer
Sino recordar las cosas amables
Que una vez me acaecieron?
Viajes infantiles, la elegancia
De padres y abuelos, la generosidad

THE LAST LOVE SONG OF
PEDRO J. LASTARRIA, ALIAS "EL CHORITO"

South American in Gothic land,
This is my farewell song
Now that hospitals race through
Breakfasts and teatimes
With an insistence I can
Only attribute to death.
The thoroughly studied
Sunsets have ended,
The amusing games leading
Nowhere have ended. South American
In a land more hostile
Than hospitable, I'm getting ready
To go down the long
Unknown hallway
Where it's said
Lost opportunities flourish.
My life was a succession
Of lost opportunities,
Reader of Catullus in Latin
I barely had the courage to pronounce
Sine qua non or *Ad hoc*
In the bitterest hour
Of my life. South American
In Gothic hospitals, what can I do
But remember the nice things
That once happened to me?
Childhood trips, the elegance
Of parents and grandparents, the generosity

De mi juventud perdida y con ella
La juventud perdida de tantos
Compatriotas
Son ahora el bálsamo de mi dolor
Son ahora el chiste incruento
Desencadenado en estas soledades
Que los godos no entienden
O que entienden de otra manera.
También yo fui elegante y generoso:
Supe apreciar las tempestades,
Los gemidos del amor en las barracas
Y el llanto de las viudas,
Pero la experiencia es una estafa.
En el hospital sólo me acompañan
Mi inmadurez premeditada
Y los resplandores vistos en otro planeta
O en otra vida.
La cabalgata de los monstruos
En donde «El Chorito»
Tiene un papel destacado.
Sudamericano en tierra de
Nadie, me preparo
Para entrar en el lago
Inmóvil, como mi ojo,
Donde se refractan las aventuras
De Pedro Javier Lastarria
Desde el rayo incidente
Hasta el ángulo de incidencia,
Desde el seno del ángulo
De refracción
Hasta la constante llamada
Índice de refracción.

Of my lost youth and with it
The lost youth of so many
Compatriots
Are now balm for my pain
Are now the bloodless joke,
Unleashed in these solitudes,
That those Gothic bastards don't get
Or understand a different way.
I, too, was elegant and generous:
I learned to appreciate storms,
Cries of love in cabins,
And the widows' weeping,
But experience is a hoax.
In the hospital I'm accompanied only by
My deliberate immaturity
And splendors glimpsed on another planet
Or in another life.
The parade of monsters
In which "El Chorito"
Has a leading role.
South American in no one's
Land, I'm getting ready
To slip into the lake,
Still as my eye,
Where the adventures of
Pedro Javier Lastarria are refracted.
From the incident ray
To the angle of incidence.
From sine of the angle
Of refraction
To the so-called constant
Index of refraction.

En plata: las malas cosas
Convertidas en buenas,
En apariciones gloriosas
Las metidas de pata,
La memoria del fracaso
Convertida en la memoria
Del valor. Un sueño,
Tal vez, pero
Un sueño que he ganado
A pulso.
Que nadie siga mi ejemplo
Pero que sepan
Que son los músculos de Lastarria
Los que abren este camino.
Es el córtex de Lastarria,
El entrechocar de dientes
De Lastarria, el que ilumina
Esta noche negra del alma,
Reducida, para mi disfrute
Y reflexión, a este rincón
De habitación en sombras,
Como piedra afiebrada,
Como desierto detenido
En mi palabra.
Sudamericano en tierra
De sombras,
Yo que siempre fui
Un caballero,
Me preparo para asistir
A mi propio vuelo de despedida.

In brief: the bad things
Turned to good,
Blunders
Into glorious apparitions,
Memory of failure
Turned into the memory
Of courage. A dream,
Maybe, but
A dream I've conquered
With a steady hand.
I hope no one has to follow my example,
But that they might know
That they are Lastarria's muscles
Opening this passage.
It's Lastarria's cortex,
The clashing of
Lastarria's teeth, that light up
This black night of the soul,
Reduced, for my enjoyment
And reflection, to this corner
Of a shadowy room,
Like a feverish stone,
Like a desert detained
In my word.
South American in the land
Of shadows,
I who always was
A gentleman
Am getting ready to attend
My own farewell flight.

MI VIDA EN LOS TUBOS DE SUPERVIVENCIA

Como era pigmeo y amarillo y de facciones agradables
Y como era listo y no estaba dispuesto a ser torturado
En un campo de trabajo o en una celda acolchada
Me metieron en el interior de este platillo volante
Y me dijeron vuela y encuentra tu destino. ¿Pero qué
Destino iba a encontrar? La maldita nave parecía
El holandés errante por los cielos del mundo, como si
Huir quisiera de mi minusvalía, de mi singular
Esqueleto: un escupitajo en la cara de la Religión,
Un hachazo de seda en la espalda de la Felicidad,
Sustento de la Moral y de la Ética, la escapada hacia adelante
De mis hermanos verdugos y de mis hermanos desconocidos.
Todos finalmente humanos y curiosos, todos huérfanos y
Jugadores ciegos en el borde del abismo. Pero todo eso
En el platillo volador no podía sino serme indiferente.
O lejano. O secundario. La mayor virtud de mi
        traidora especie
Es el valor, tal vez la única real, palpable hasta las lágrimas
Y los adioses. Y valor era lo que yo demandaba encerrado en
El platillo, asombrando a los labradores y a los borrachos
Tirados en las acequias. Valor invocaba mientras la
        maldita nave
Melaba por guetos y parques que para un paseante
Serían enormes, pero que para mí sólo eran tatuajes sin
        sentido,
Palabras magnéticas e indescifrables, apenas un gesto
Insinuado bajo el manto de nutrias del planeta.
¿Es que me había convertido en Stefan Zweig y veía avanzar
A mi suicida? Respecto a esto la frialdad de la nave

MY LIFE IN THE TUBES OF SURVIVAL

Because I was a pigmy and yellow and had pleasant features
And because I was smart and unwilling to be tortured
In a work camp or padded cell
They stuck me in this flying saucer
And told me, fly and find your destiny. But what
Destiny was I going to find? The damned ship looked like
The wandering Dutchman through the skies of the world, as if
I wanted to flee from my disability, from my particular
Skeleton: a spit in Religion's face,
A silk stab in the back of Happiness,
Sustenance of Morals and Ethics, the forward escape
From my executioner brothers and my unknown brothers.
In the end, all human and curious, all orphans and
Blind players on the edge of the abyss. But all this
Inside the flying saucer could only make me indifferent.
Or remote. Or secondary. The greatest virtue of my
        traitorous species
Is courage, perhaps the only thing that's real, palpable even
        in tears
And goodbyes. And courage was what I needed, locked up in
The saucer, casting surprising shadows on peasants and drunks
Sprawled out in irrigation ditches. I invoked courage while
        the damned ship
Flicked through ghettos and parks that to someone on foot
Would be enormous, but for me were only pointless tattoos,
Magnetic indecipherable words. Scarcely a gesture
Hinted beneath the planet's nutria cloak.
Had I become Stefan Zweig? Was I seeing the approach
Of my suicide? With respect to this, the ship's bitter cold

Era incontrovertible, sin embargo a veces soñaba
Con un país cálido, una terraza y un amor fiel y desesperado.
Las lágrimas que luego derramaba permanecían en la superficie
Del platillo durante días, testimonio no de mi dolor, sino de
Una suerte de poesía exaltada que cada vez más a menudo
Apretaba mi pecho, mis sienes y caderas. Una terraza,
Un país cálido y un amor de grandes ojos fieles
Avanzando lentamente a través del sueño, mientras la nave
Dejaba estelas de fuego en la ignorancia de mis hermanos
Y en su inocencia. Y una bola de luz éramos el platillo y yo
En las retinas de los pobres campesinos, una imagen
        perecedera
Que no diría jamás lo suficiente acerca de mi anhelo
Ni del misterio que era el principio y el final
De aquel incomprensible artefacto. Así hasta la
Conclusión de mis días, sometido al arbitrio de los vientos,
Soñando a veces que el platillo se estrellaba en una serranía
De América y mi cadáver casi sin mácula surgía
Para ofrecerse al ojo de viejos montañeses e historiadores:
Un huevo en un nido de hierros retorcidos. Soñando
Que el platillo y yo habíamos concluido la danza peripatética,
Nuestra pobre crítica de la Realidad, en una colisión indolora
Y anónima en alguno de los desiertos del planeta. Muerte
Que no me traía el descanso, pues tras corromperse mi carne
Aún seguía soñando.

Was indisputable. But still, I sometimes dreamed
Of a warm country, a terrace, and a faithful, desperate love.
My falling tears would linger on the saucer's
Surface for days, evidence not of my pain, but of
A kind of glorified poetry that more and more often
Clenched my chest, my temples and hips. A terrace,
A warm country and a love with big faithful eyes
Approaching slowly through my dreams, while the ship
Left smoldering trails in the ignorance of my brothers
And in their innocence. And we were a ball of light,
        the saucer and I,
In the retinas of poor peasants, a perishable image
That would never adequately describe my longing
Or the mystery that was the beginning and end
Of that incomprehensible artifact. Like that until the
End of my days, at the mercy of the winds,
Dreaming sometimes the saucer was smashing into a sierra
In America, and my corpse, almost without a scratch, was
        rising up
To be seen by old highlanders and historians:
An egg in a nest of twisted shackles. Dreaming
That the saucer and I had finished our rambling dance,
Our humble critique of Reality, in a painless, anonymous
Crash in one of the planet's deserts. Death
That brought me no peace, since after my flesh had rotted
I still went on dreaming.

JUNTO AL ACANTILADO

En hoteles que parecían organismos vivos.
En hoteles como el interior de un perro de laboratorio.
Hundidos en la ceniza.
El tipo aquel, semidesnudo, ponía la misma canción una y
    otra vez.
Y una mujer, la proyección holográfica de una mujer, salía a
    la terraza
a contemplar las pesadillas o las astillas.
Nadie entendía nada.
Todo fallaba: el sonido, la percepción de la imagen.
Pesadillas o astillas empotradas en el cielo
a las nueve de la noche.
En hoteles que parecían organismos vivos de películas de terror.
Como cuando uno sueña que mata a una persona
que no acaba nunca de morir.
O como aquel otro sueño: el del tipo que evita un atraco
o una violación y golpea al atracador
hasta arrojarlo al suelo y allí lo sigue golpeando
y una voz (¿pero qué voz?) le pregunta al atracador
cómo se llama
y el atracador dice tu nombre
y tú dejas de golpear y dices no puede ser, ése es mi nombre,
y la voz (las voces) dicen que es una casualidad,
pero tú en el fondo nunca has creído en las casualidades.
Y dices: debemos de ser parientes, tú eres el hijo
de alguno de mis tíos o de mis primos.
Pero cuando lo levantas y lo miras, tan flaco,
    tan frágil,

ON THE EDGE OF THE CLIFF

In hotels resembling live organisms.
In hotels like the inside of a lab dog.
Sunken in ash.
That one guy, half-naked, kept playing the same song over
    and over.
And a woman, the holographic projection of a woman, kept
    going out on the terrace
to contemplate nightmares or splinters.
No one understood a thing.
Everything was off: the sound, the perception of the image.
Nightmares or splinters slipped into the sky
at nine o'clock at night.
In hotels resembling live organisms from horror films.
Like when you dream of killing a person
who never stops dying.
Or like that other dream: the one with the guy who avoids a
    robbery
or rape and punches the assailant
until he's thrown to the ground and then keeps punching him
and a voice (but what voice?) asks the assailant
what's his name
and the assailant says your name
and you stop hitting him and say that can't be, that's my name,
and the voice (the voices) say it's a coincidence,
but deep down you've never believed in coincidences.
And you say: we must be related, you're the son
of one of my uncles or cousins.
But when you lift him up and look at him, so thin,
    so fragile,

comprendes que también esa historia es mentira.
Tú eres el atracador, el violador, el rufián inepto
que rueda por las calles inútiles del sueño.
Y entonces vuelves a los hoteles-coleópteros, a los
    hoteles-araña,
a leer poesía junto al acantilado.

you understand that this story, too, is a lie.
You are the assailant, the rapist, the inept hoodlum
who wanders through the useless streets of the dream.
And then you return to the coleopteran-hotels, to the
   spider-hotels,
to read poetry on the edge of the cliff.

BÓLIDO

El automóvil negro desaparece
en la curva del ser. Yo
aparezco en la explanada:
todos van a fallecer, dice el viejo
que se apoya en la fachada.
No me cuentes más historias:
mi camino es el camino
de la nieve, no del parecer
más alto, más guapo, mejor.
Murió Beltrán Morales,
o eso dicen, murió
Juan Luís Martínez,
Rodrigo Lira se suicidó.
Murió Philip K. Dick
y ya sólo necesitamos
lo estrictamente necesario.
Ven, métete en mi cama.
Acariciémonos toda la noche
del ser y de su negro coche.

ROADSTER

The black automobile vanishes
around the curve of being. I
appear on the esplanade:
everyone will die, says the old guy
leaning against the façade.
Stop telling me stories:
my path is the path
of snow, not of seeming
taller, handsomer, better.
Beltrán Morales died,
or so they say,
Juan Luís Martínez died,
Rodrigo Lira killed himself.
Philip K. Dick died
and now we only need
what is strictly necessary.
Come, slip into my bed.
Let's caress all through the night
of being and its black car.

EL ÚLTIMO SALVAJE

1

Salí de la última función a las calles vacías. El esqueleto
pasó junto a mí, temblando, colgado del asta
de un camión de basura. Grandes gorros amarillos
ocultaban el rostro de los basureros, aun así creí reconocerlo:
un viejo amigo. ¡Aquí estamos!, me dije a mí mismo
unas doscientas veces,
hasta que el camión desapareció en una esquina.

2

No tenía adonde ir. Durante mucho tiempo
vagué por los alrededores del cine
buscando una cafetería, un bar abierto.
Todo estaba cerrado, puertas y contraventanas, pero
lo más curioso era que los edificios parecían vacíos, como
si la gente ya no viviera allí. No tenía nada que hacer
salvo dar vueltas y recordar
pero incluso la memoria comenzó a fallarme.

3

Me vi a mí mismo como «El Último Salvaje» montado en
una motocicleta blanca, recorriendo los caminos
de Baja California. A mi izquierda el mar, a mi derecha el mar
y en mi centro la caja llena de imágenes que paulatinamente
se iban desvaneciendo. ¿Al final la caja quedaría vacía?

THE LAST SAVAGE

1

I stepped out of the last show onto empty streets. The skeleton
passed right by me, trembling, hung from the antenna
of a garbage truck. Big yellow hats
hid the face of the garbage men. Still I thought I recognized him:
an old friend. Here we are! I said to myself
some two hundred times,
until the truck disappeared around a bend.

2

I had no place to go. For a while
I wandered around outside the theatre
looking for a coffee shop, an open bar.
Everything was closed, doors and shutters, but
the weirdest thing was the buildings seemed empty, as
if people no longer lived there. I had nothing to do
except walk in circles and remember
but even memory began to fail me.

3

I saw myself as "The Last Savage"
cruising the streets of Baja California
on a white motorcycle. To my left the sea, to my right the sea,
and in my center, the box filled with images gradually
fading away. In the end would the box remain empty?

¿Al final la moto se iría junto con las nubes?
¿Al final Baja California y «El Último Salvaje» se
fundirían con el Universo, con la Nada?

4

Creí reconocerlo: debajo del gorro amarillo de basurero
    un amigo
de la juventud. Nunca quieto. Nunca demasiado tiempo
    en un solo
registro. De sus ojos oscuros decían los poetas: son como
    dos volantines
suspendidos sobre la ciudad. Sin duda el más valiente. Y
    sus ojos
como dos volantines negros en la noche negra. Colgado
del asta del camión el esqueleto bailaba con la letra de
    nuestra
juventud. El esqueleto bailaba con los volantines y con
    las sombras.

5

Las calles estaban vacías. Tenía frío y en mi cerebro se
    sucedían
las escenas de «El Último Salvaje». Una película de acción,
    con trampa:
las cosas sólo ocurrían aparentemente. En el fondo: un
    valle quieto,
petrificado, a salvo del viento y de la historia. Las motos,
    el fuego
de las ametralladoras, los sabotajes, los 300 terroristas
    muertos, en realidad

In the end would the bike vanish with the clouds?
In the end would Baja, California, and "The Last Savage"
fuse with the Universe, with Nothingness?

4

I thought I recognized him: under the yellow garbage
    man's hat
a childhood friend. Never calm. Never too many beats
    in a single
measure. Of his dark eyes, poets would say: they're like
    two kites
hovering over the city. Without a doubt the bravest. And
    his eyes
like two little black kites in the black night. Hung
from the truck's antenna the skeleton was dancing to
    the lyrics
of our youth. The skeleton was dancing with the kites
    and with the shadows.

5

The streets were empty. I was cold, and scenes from
"The Last Savage" were playing in my head. An action film,
    with intrigue:
things only appeared to be happening. At heart: a
    quiet valley,
petrified, except for wind and history. The bikes,
    the fire
from machine guns, the sabotages, the 300 dead
    terrorists, really

estaban hechos de una sustancia más leve que los sueños.
    Resplandor
visto y no visto. Ojo visto y no visto. Hasta que la pantalla
volvió al blanco, y salí a la calle.

6

Los alrededores del cine, los edificios, los árboles,
    los buzones de correo,
las bocas del alcantarillado, todo parecía más grande que antes
de ver la película. Los artesonados eran como calles
    suspendidas en el aire.
¿Había salido de una película de la fijeza y entrado en
    una ciudad
de gigantes? Por un momento creí que los volúmenes
    y las perspectivas
enloquecían. Una locura natural. Sin aristas. ¡Incluso mi ropa
había sido objeto de una mutación! Temblando, metí
    las manos
en los bolsillos de mi guerrera negra y eché a andar.

7

Seguí el rastro de los camiones de basura sin saber a
    ciencia cierta
qué esperaba encontrar. Todas las avenidas
desembocaban en un Estadio Olímpico de magnitudes
    colosales.
Un Estadio Olímpico dibujado en el vacío del universo.
Recordé noches sin estrellas, los ojos de una mexicana,
    un adolescente

they were made from an essence slighter than dreams.
　　Splendor
seen and unseen. Visibly and invisibly. Until the screen
went white, and I stepped out on the street.

6

Outside the theatre, buildings, trees,
　　mailboxes,
the mouths of sewers, everything seemed bigger than before
I saw the film. The coffers like streets
　　suspended in air.
Had I stepped out of a static film and into
　　a city
of giants? For a moment I thought volume
　　and perspective
were going insane. A natural insanity. Without edges.
　　Even my clothes
had undergone a mutation! Trembling, I shoved my hands
in the pockets of my black bomber jacket, started walking.

7

I followed the garbage trucks' tracks without knowing for
　　absolute certain
what I was hoping to find. All the avenues
poured into an Olympic Stadium of epic proportions.
An Olympic Stadium sketched in the void of the universe.
I recalled nights without stars, the eyes of a Mexican girl,
　　a teenager

con el torso desnudo y una navaja. Estoy en el lugar
        donde sólo
se ve con la punta de los dedos, pensé. Aquí no hay nadie.

8

Había ido a ver «El Último Salvaje» y al salir del cine
no tenía adonde ir. De alguna manera yo era
el personaje de la película y mi motocicleta negra
        me conducía
directamente hacia la destrucción. No más lunas rielando
sobre las vitrinas, no más camiones de basura, no más
desaparecidos. Había visto a la muerte copular con el sueño
y ahora estaba seco.

with a bare chest and a jackknife. I'm in a place where
you can only see with your fingertips, I thought. There's no
    one here.

8

I'd gone to see "The Last Savage," and on leaving the theatre
had no place to go. In a sense I was
the character from the film, and my black motorcycle
    carried me
straight to destruction. No more moonlight dancing
on shop windows, no more garbage trucks, no more
of the disappeareds. I'd seen death mate with sleep
and I was spent.

NI CRUDO NI COCIDO

Como quien hurga en un brasero apagado.
Como quien remueve los carbones y recuerda.
La Tempestad de Shakespeare, pero una lluvia sin fin.
Como quien observa un brasero que exhala gases tóxicos
en una gran habitación vacía.
Aunque tal vez la grandeza de la habitación
resida en la edad del observador.
En todo caso: vacía, oscura, el suelo desigual,
con cortinas donde no deberían,
y muy pocos muebles.
Como quien mueve las brasas
y aspira a todo pulmón
el aire criminal de la infancia.
Como quien se acuclilla y piensa.
Como quien remueve el carbón
bajo *La Tempestad* de Shakespeare que golpea las calaminas.
Como el carbón que exhala gases.
Como las brasas deshojadas como una cebolla
bajo la batuta del detective latinoamericano.
Aunque tal vez todos estemos locos
y nunca haya habido un crimen.
Como quien camina de la mano
de un maníaco depresivo.
Escuchando a la lluvia batir
los bosques, los caminos.
Como quien respira junto al brasero
y su mente remueve las brasas
una a una.
Como quien se vuelve a mirar a alguien

HALF-BAKED

Like someone poking a burnt-out fire.
Like someone stirring coals and remembering.
Shakespeare's *Tempest*, but an endless rain.
Like someone staring at a fire pit emitting toxic fumes
into a big empty bedroom.
Though maybe the size of the room
lies in the age of the observer.
In any case: empty, dark, the floor uneven,
with curtains where there shouldn't be
and not much furniture.
Like someone moving embers
and sucking in
the criminal air of infancy.
Like someone crouching down and thinking.
Like someone stirring coal
beneath Shakespeare's *Tempest*, which thumps tin roofs.
Like the coal emitting fumes.
Like embers defoliated like an onion
beneath the Latin American detective's baton.
Though maybe we're all crazy
and there's never been a crime.
Like someone led by the hand
of a manic depressive.
Listening to rain pounding
the forests, the paths.
Like someone taking a breath beside a fire pit
and moving embers, one by one,
with his mind.
Like someone looking back at someone else

por última vez
y no lo ve.
Como las brasas que arden
mientras Ariel y Calibán
sostienen la soledad del muro del oeste.
Acuclillados uno frente al otro.
Como quien busca su rostro
en el corazón de la cebolla.
Hurgando, hurgando
pese al frío y los gases:
un abrigo de fantasía.
Como quien remueve el brasero apagado
con la batuta de un detective
inexistente.
Y *La Tempestad* de Shakespeare
no aminora en esta isla maldita.
Ah, como quien remueve las brasas
y aspira a todo pulmón.

for the last time
and not seeing him.
Like embers that burn
while Ariel and Caliban
hold up the solitude of the western wall.
Crouched down, one in front of the other.
Like someone looking for his face
in the heart of an onion.
Poking, poking
despite the cold and fumes:
a blanket of fantasy.
Like someone stirring the burnt-out fire
with the baton of a detective
who doesn't exist.
And Shakespeare's *Tempest*
isn't waning on this damned island.
Ah, like someone stirring embers
and sucking it all in.

ATOLE

Vi a Mario Santiago y Orlando Guillén
los poetas perdidos de México
tomando atole con el dedo

En los murales de una nueva universidad
llamada infierno o algo que podía ser
una especie de infierno pedagógico

Pero os aseguro que la música de fondo
era una huasteca veracruzana o tamaulipeca
no soy capaz de precisarlo

Amigos míos era el día en que se estrenaba
«Los Poetas Perdidos de México»
así que ya se lo pueden imaginar

Y Mario y Orlando reían pero como en cámara lenta
como si en el mural en el que vivían
no existiera la prisa o la velocidad

No sé si me explico
como si sus risas se desplegaran minuciosamente
sobre un horizonte infinito

Esos cielos pintados por el Dr. Atl, ¿los recuerdas?
sí, los recuerdo, y también recuerdo
las risas de mis amigos

ATOLE

I saw Mario Santiago and Orlando Guillén
Mexico's lost poets
suckered by atole

In the murals of a new university
called hell or what could be
a kind of pedagogical hell

But, I assure you all, the background music
was Huasteca from Veracruz or Tamaulipas
I can't put my finger on it

My friends, it was the day they premiered
"Mexico's Lost Poets"
so you can imagine it now

And Mario and Orlando were laughing as if in slow motion
as if in the mural where they lived
velocity and haste did not exist

I'm not sure I'm explaining myself
as if their laughs were unfolding infinitesimally
over a never-ending horizon

Those skies painted by Dr. Atl, remember?
Yes, I remember them, and I also remember
my friends laughing

Cuando aún no vivían dentro del mural laberíntico
apareciendo y desapareciendo como la poesía verdadera
ésa que ahora visitan los turistas

Borrachos y drogados como escritos con sangre
ahora desaparecen por el esplendor geométrico
que es el México que les pertenece

El México de las soledades y los recuerdos
el del metro nocturno y los cafés chinos
el del amanecer y el del atole

Before they were living inside the labyrinthine mural
appearing and disappearing like true poetry
that which the tourists now visit

Drunk and stoned as if written in blood
now they disappear into the geometric glory
that is the Mexico to which they belong

The Mexico of solitude and memories
of the late night subway and Chinese cafés
of dawn and of atole

EL BURRO

A veces sueño que Mario Santiago
Viene a buscarme con su moto negra.
Y dejamos atrás la ciudad y a medida
Que las luces van desapareciendo
Mario Santiago me dice que se trata
De una moto robada, la última moto
Robada para viajar por las pobres tierras
Del norte, en dirección a Texas,
Persiguiendo un sueño innombrable,
Inclasificable, el sueño de nuestra juventud,
Es decir el sueño más valiente de todos
Nuestros sueños. Y de tal manera
Cómo negarme a montar la veloz moto negra
Del norte y salir rajados por aquellos caminos
Que antaño recorrieran los santos de México,
Los poetas mendicantes de México,
Las sanguijuelas taciturnas de Tepito
O la colonia Guerrero, todos en la misma senda,
Donde se confunden y mezclan los tiempos:
Verbales y físicos, el ayer y la afasia.

Y a veces sueño que Mario Santiago
Viene a buscarme, o es un poeta sin rostro,
Una cabeza sin ojos, ni boca, ni nariz,
Sólo piel y voluntad, y yo sin preguntar nada
Me subo a la moto y partimos
Por los caminos del norte, la cabeza y yo,
Extraños tripulantes embarcados en una ruta

THE DONKEY

Sometimes I dream that Mario Santiago
Comes looking for me on his black motorcycle.
And we leave behind the city and as
The lights are disappearing,
Mario Santiago tells me we're dealing with
A stolen bike, the last bike
Stolen to travel through the poor
Northern lands, toward Texas,
Chasing an unnamable dream,
Unclassifiable, the dream of our youth,
Which is to say the bravest of all
Our dreams. And put that way
How could I deny myself a ride on that fast black
Northern bike, breaking out on those roads
Long ago traveled by Mexican saints,
Mendicant Mexican poets,
Taciturn leeches from Tepito
Or la colonia Guerrero, all on the same path,
Where times are mixed up and confused,
Verbal and physical, yesterday and aphasia.

And sometimes I dream that Mario Santiago
Comes looking for me, or it's a faceless poet,
A head without eyes or mouth or nose,
Only skin and volition, and without asking questions
I get on the bike and we take off
On the northern roads, the head and I,
Strange crewmembers embarking on

Miserable, caminos borrados por el polvo y la lluvia,
Tierra de moscas y lagartijas, matorrales resecos
Y ventiscas de arena, el único teatro concebible
Para nuestra poesía.

Y a veces sueño que el camino
Que nuestra moto o nuestro anhelo recorre
No empieza en mi sueño sino en el sueño
De otros: los inocentes, los bienaventurados,
Los mansos, los que para nuestra desgracia
Ya no están aquí. Y así Mario Santiago y yo
Salimos de la ciudad de México que es la prolongación
De tantos sueños, la materialización de tantas
Pesadillas, y remontamos los estados
Siempre hacia el norte, siempre por el camino
De los coyotes, y nuestra moto entonces
Es del color de la noche. Nuestra moto
Es un burro negro que viaja sin prisa
Por las tierras de la Curiosidad. Un burro negro
Que se desplaza por la humanidad y la geometría
De estos pobres paisajes desolados.
Y la risa de Mario o de la cabeza
Saluda a los fantasmas de nuestra juventud,
El sueño innombrable e inútil
De la valentía.

Y a veces creo ver una moto negra
Como un burro alejándose por los caminos
De tierra de Zacatecas y Coahuila, en los límites
Del sueño, y sin alcanzar a comprender
Su sentido, su significado último,

A miserable route, roads erased by dust and rain,
Land of flies and little lizards, dried brush
And blizzards of sand, the only imaginable stage
For our poetry.

And sometimes I dream that the road
Our bike or our longing is traveling
Doesn't begin in my dream, but in the dreams
Of others: the innocent, the blessed,
The meek, those who, unfortunately for us,
Are no longer here. And with that Mario Santiago and I
Leave Mexico City, which is the extension
Of so many dreams, the materialization of so many
Nightmares, and retake our positions
Always headed north, always on the road
Of coyotes, and then our bike
Is the color of night. Our bike
Is a black donkey dawdling
Through lands of Curiosity. A black donkey
Moving through the humanity and geometry
Of these poor desolate landscapes.
And Mario's laugh or the head's
Greets the ghosts of our youth,
The unnamable and useless dream
Of courage.

And sometimes I think I see a black bike
Like a donkey disappearing down the dirt
Roads of Zacatecas and Coahuila, on the outer limits
Of the dream, and without quite knowing
Its meaning, its ultimate significance,

Comprendo no obstante su música:
Una alegre canción de despedida.

Y acaso son los gestos de valor los que
Nos dicen adiós, sin resentimiento ni amargura,
En paz con su gratuidad absoluta y con nosotros mismos.
Son los pequeños desafíos inútiles—o que
Los años y la costumbre consintieron
Que creyéramos inútiles—los que nos saludan,
Los que nos hacen señales enigmáticas con las manos,
En medio de la noche, a un lado de la carretera,
Como nuestros hijos queridos y abandonados,
Criados solos en estos desiertos calcáreos,
Como el resplandor que un día nos atravesó
Y que habíamos olvidado.

Y a veces sueño que Mario llega
Con su moto negra en medio de la pesadilla
Y partimos rumbo al norte,
Rumbo a los pueblos fantasmas donde moran
Las lagartijas y las moscas.
Y mientras el sueño me transporta
De un continente a otro
A través de una ducha de estrellas frías e indoloras,
Veo la moto negra, como un burro de otro planeta,
Partir en dos las tierras de Coahuila.
Un burro de otro planeta
Que es el anhelo desbocado de nuestra ignorancia,
Pero que también es nuestra esperanza
Y nuestro valor.

I still understand its music:
A cheerful farewell song.

And maybe they're gestures of courage, saying
Adios, without resentment or bitterness,
At peace with their total futility and with us ourselves.
They're the little acts of defiance that are useless—or that
Years and custom made us think useless—waving hello,
Making enigmatic signals to us with their hands
In the middle of the night, on one side of the road,
Like our beloved and abandoned children,
Raised alone in these calcareous deserts,
Like the radiance that one day stood in our path
And that we'd forgotten.

And sometimes I dream that Mario arrives
With his black bike in the middle of a nightmare
And we take off bound for the north,
Bound for ghost towns where
Little lizards and flies live.
And while the dream takes me
From one continent to another
Through a shower of cold, painless stars,
I see the black bike, like a donkey from another planet,
Split the lands of Coahuila in two.
A donkey from another planet
That is the unrestrained longing of our ignorance,
But that is also our hope
And our courage.

Un valor innombrable e inútil, bien cierto,
Pero reencontrado en los márgenes
Del sueño más remoto,
En las particiones del sueño final,
En la senda confusa y magnética
De los burros y de los poetas.

An unnamable and useless courage, for sure,
But re-encountered in the margins
Of the most remote dream,
In the partitions of the final dream,
In the confusing and magnetic trail
Of donkeys and poets.

LOS PASOS DE PARRA

Ahora Parra camina
Ahora Parra camina por Las Cruces
Marcial y yo estamos quietos y oímos sus pisadas
Chile es un pasillo largo y estrecho
Sin salida aparente
El Flandes indiano que se quema allá a los lejos
Un incendio rodeado de huellas
O los restos de un incendio
Y los restos de unas huellas
Que el viento va borrando
O diluyendo
Nadie te da la bienvenida a Dinamarca
Todos estamos haciendo
Lo indecible
Nadie te da la bienvenida a Dinamarca
Aquí está lloviendo
Y las cruces exhiben huellas
De hormigas y de incendios
Oh el Flandes indiano
El interminable pasillo de nuestro descontento
En donde todo lo hecho parece deshecho
El país de Zurita y de las cordilleras fritas
El país de la eterna juventud
Sin embargo llueve y nadie se moja
Excepto Parra
O sus pisadas que recorren
Estos tierrales en llamas
Petrificadas
Estos camposantos arados por bueyes

PARRA'S FOOTSTEPS

Now Parra is walking
Now Parra is walking around Las Cruces
Marcial and I are still and hear his footsteps
Chile is a long, narrow hallway
Without a visible exit
The Indian Flanders burning there in the distance
A fire surrounded by footprints
Or a fire's remains
And traces of some footprints
The wind goes on erasing
Or dissolving
No one welcomes you to Denmark
All of us are doing
The unspeakable
No one welcomes you to Denmark
It's raining here
And the trees show traces
Of ants and of fires
Oh the Indian Flanders
The endless hallway of our discontent
In which everything done seems undone
Country of Zurita and fried cordilleras
Country of eternal youth
Nevertheless it rains and no one gets wet
Except for Parra
Or his footsteps that roam
These burning valleys
Petrified
These graveyards plowed by

Inmóviles
Oh el Flandes indiano de nuestra lengua esquizofrénica
Toda pisada deja huella
Pero toda huella es inmóvil
Nada que ver con el hombre o la sombra
Que una vez pasó
O que en el último suspiro intentó
Materializar la cobra
Del sueño inmóvil
O de lo que en el sueño sobra
Representaciones representaciones
Carentes de sustancia
En el Flandes indiano de la fractura
Infinita
Pero nosotros sabemos que todos
Nuestros asuntos
Son finitos (alegres, sí, feroces,
Pero finitos)
La revolución se llama Atlántida
Y es feroz e infinita
Mas no sirve para nada
A caminar, entonces, latinoamericanos
A caminar a caminar
A buscar las pisadas extraviadas
De los poetas perdidos
En el fango inmóvil
A perdernos en la nada
O en la rosa de la nada
Allí donde sólo se oyen las pisadas
De Parra
Y los sueños de generaciones
Sacrificadas bajo la rueda
Y no historiadas

Motionless oxen
Oh the Indian Flanders of our schizophrenic tongue
Every footstep leaves a print
But every print is still
Nothing to do with the man or the shadow
That once passed
Or that, with a final breath, tried
To conjure the cobra
From the stillness of sleep
Or from that which lingers in sleep
Representations representations
Lacking in substance
On the Indian Flanders of the
Infinite fracture
But we know that all
Our affairs
Are finite (charming, yes, ferocious,
But finite)
The revolution is called Atlantis
And it's ferocious and infinite
But it's totally pointless
Get walking, then, Latin Americans
Get walking get walking
Start searching for the missing footsteps
Of the lost poets
In the motionless mud
Let's lose ourselves in nothingness
Or in the rose of nothingness
There where the only things heard are
Parra's footsteps
And the dreams of generations
Sacrificed beneath the wheel
Unchronicled

Jus lo front port vostra bella semblança
—Jordi de Sant Jordi

Intentaré olvidar   Un cuerpo que apareció durante la nevada
Cuando todos estábamos solos   En el parque, en el
    montículo detrás
de las canchas de básket   Dije detente y se volvió:
un rostro blanco encendido por un noble corazón   Nunca
había visto tanta belleza   La luna se distanciaba de la tierra
De lejos llegaba el ruido de los coches en la autovía: gente
que regresaba a casa   Todos vivíamos en un anuncio
de televisión hasta que ella apartó las sucesivas
cortinas de nieve y me dejó ver su rostro: el dolor
y la belleza del mundo en su mirada   Vi huellas
diminutas sobre la nieve   Sentí el viento helado en la cara
En el otro extremo del parque alguien hacía señales
con una linterna   Cada copo de nieve estaba vivo
Cada huevo de insecto estaba vivo y soñaba   Pensé: ahora
me voy a quedar solo para siempre   Pero la nieve caía
y caía y ella no se alejaba

Jus lo front port vostra bella semblança
—*Jordi de Sant Jordi*

I'll try to forget   A body that appeared during the snowfall
When all of us were alone   In the park, on the
        little hill behind
the basketball courts   I said hold on and she came back:
white face lit up by a noble heart   Never
had I seen such beauty   The moon drew away from the earth
From far off came the sound of cars on the highway: people
going home   All of us were living in a television
commercial until she parted the successive
curtains of snow and let me see her face: the pain
and beauty of the world in her gaze   I saw tiny
footprints in the snow   I felt the frozen wind on my cheeks
On the other end of the park someone was making signals
with a flashlight   Every snowflake was alive
Every insect egg was alive and dreaming   I thought: now
I'm going to be alone forever   But the snow kept falling
and falling and she didn't go away

MUSA

Era más hermosa que el sol
y yo aún no tenía 16 años.
24 han pasado
y sigue a mi lado.

A veces la veo caminar
sobre las montañas: es el ángel guardián
de nuestras plegarias.
Es el sueño que regresa

con la promesa y el silbido.
El silbido que nos llama
y que nos pierde.
En sus ojos veo los rostros

de todos mis amores perdidos.
Ah, Musa, protégeme,
le digo, en los días terribles
de la aventura incesante.

Nunca te separes de mí.
Cuida mis pasos y los pasos
de mi hijo Lautaro.
Déjame sentir la punta de tus dedos

otra vez sobre mi espalda,
empujándome, cuando todo esté oscuro,
cuando todo esté perdido.
Déjame oír nuevamente el silbido.

MUSE

She was more beautiful than the sun
and I wasn't even 16 years old.
24 have passed
and she's still at my side.

Sometimes I see her walking
over the mountains: she's the guardian angel
of our prayers.
She's the dream that recurs

with the promise and the whistle.
The whistle that calls us
and loses us.
In her eyes I see the faces

of all my lost loves.
Oh, Muse, protect me,
I say to her, on the terrible days
of the ceaseless adventure.

Never pull away from me.
Take care of my steps and the steps
of my son Lautaro.
Let me feel your fingertips

once more over my spine,
pushing me, when everything is dark,
when everything is lost.
Let me hear the whistle again.

Soy tu fiel amante
aunque a veces el sueño
me separe de ti.
También tú eres la reina de los sueños.

Mi amistad la tienes cada día
y algún día
tu amistad me recogerá
del erial del olvido.

Pues aunque tú vengas
cuando yo vaya
en el fondo somos amigos
inseparables.

Musa, adonde quiera
que yo vaya
tú vas.
Te vi en los hospitales

y en la fila
de los presos políticos.
Te vi en los ojos terribles
de Edna Lieberman

y en los callejones
de los pistoleros.
¡Y siempre me protegiste!
En la derrota y en la rayadura.

I am your faithful lover,
though sometimes dreaming
pulls me away from you.
You're also the queen of those dreams.

You have my friendship every day,
and someday
your friendship will draw me out of
the wasteland of forgetfulness.

So even if you come
when I go,
deep down we're
inseparable friends.

Muse, wherever I
might go
you go.
I saw you in the hospitals

and in the line
of political prisoners.
I saw you in the terrible eyes
of Edna Lieberman

and in the alleys
of the gunmen.
And you always protected me!
In defeat and in triumph.

En las relaciones enfermizas
y en la crueldad,
siempre estuviste conmigo.
Y aunque pasen los años

y el Roberto Bolaño de la Alameda
y la Librería de Cristal
se transforme,
se paralice,

se haga más tonto y más viejo
tú permanecerás igual de hermosa.
Más que el sol
y que las estrellas.

Musa, adonde quiera
que tú vayas
yo voy.
Sigo tu estela radiante

a través de la larga noche.
Sin importarme los años
o la enfermedad.
Sin importarme el dolor

o el esfuerzo que he de hacer
para seguirte.
Porque contigo puedo atravesar
los grandes espacios desolados

In unhealthy relationships
and in cruelty,
you were always with me.
And even if the years pass

and the Roberto Bolaño of la Alameda
and the Librería de Cristal
is transformed,
is paralyzed,

becomes older and stupider,
you'll stay just as beautiful.
More than the sun
and the stars.

Muse, wherever you
might go
I go.
I follow your radiant trail

across the long night.
Not caring about years
or sickness.
Not caring about the pain

or the effort I must make
to follow you.
Because with you I can cross
the great desolate spaces

y siempre encontraré la puerta
que me devuelva
a la Quimera,
porque tú estás conmigo,

Musa,
más hermosa que el sol
y más hermosa
que las estrellas.

and I'll always find the door
leading back
to the Chimera,
because you're with me,

Muse,
more beautiful than the sun,
more beautiful
than the stars.

ENTRE LAS MOSCAS

Poetas troyanos
Ya nada de lo que podía ser vuestro
Existe

Ni templos ni jardines
Ni poesía

Sois libres
Admirables poetas troyanos

WITH THE FLIES

Poets of Troy
Nothing that could have been yours
Exists anymore

Not temples not gardens
Not poetry

You are free
Admirable poets of Troy